Ausgeschieden

Oldenbourg Interpretationen

Herausgegeben von
Klaus-Michael Bogdal und Clemens Kammler

begründet von
Rupert Hirschenauer (†) und Albrecht Weber

Band 79

Friedrich Schiller

Die Räuber

Interpretation von
Michael Hofmann

Oldenbourg

Die Seitenzahlen in Klammern beziehen sich auf folgende Ausgabe:
Friedrich Schiller, Die Räuber, Stuttgart, 1969 u. ö. (Reclams Universal Bibliothek, Bd. 16)

Die Deutsche Bibliothek – CIP-Einheitsaufnahme

Hofmann, Michael:
Friedrich Schiller, Die Räuber : Interpretation / von Michael
Hofmann. – 1. Aufl. – München : Oldenbourg, 1996
    (Oldenbourg Interpretationen ; Bd. 79)
    ISBN 3-486-88678-9
NE: GT

© 1996 R. Oldenbourg Verlag, GmbH, München

1. Auflage 1996
Unveränderter Nachdruck   00   99   98   97   96
Die letzte Zahl bezeichnet das Jahr des Drucks.

Lektorat: Ruth Bornefeld/Sabine Schuster
Herstellung: Karina Hack
Umschlaggestaltung: Klaus Hentschke
Gesamtherstellung: Wagner GmbH, Nördlingen

ISBN: 3-486-88678-9

Inhaltsverzeichnis

Für Norbert Oellers
in dankbarer Verbundenheit
zum 8. Oktober 1996

Vorbemerkung

Im Gegensatz zu anderen Werken der „klassischen" deutschen Literatur erscheint Friedrich Schillers dramatischer Erstling *Die Räuber* vielen heutigen Rezipienten relativ leicht zugänglich. Das Drama der feindlichen Brüder und der Rebellion gegen die Väterordnung kann vor allem bei jüngeren Zuschauern und Lesern mit allen seinen Widersprüchen und Verästelungen eine unmittelbare Evidenz beanspruchen, die etwa den sprachlich wie inhaltlich äußerst anspruchsvollen Texten der Weimarer Klassik nicht (mehr?) zukommt. Die Rezeptionsgeschichte der *Räuber* zeigt noch mehr als die vergleichbarer Stücke, in wie hohem Maße Interpreten, Regisseure und Kritiker eigene Erfahrungen in den Versuch einer Deutung des Stücks einbringen. Die vorliegende Interpretation macht sich diese hermeneutisch reizvolle Situation zunutze, indem sie ihre Überlegungen weder auf eine textimmanente Analyse eines vermeintlich autonomen Kunstwerks noch auf eine sozialgeschichtliche Rekonstruktion der Ausgangsposition und der Gehalte des Stücks reduziert: Textimmanenz und Sozialgeschichte werden zwar in der gebührenden Form berücksichtigt, immer jedoch auf das Erkenntnisinteresse des heutigen Rezipienten bezogen. Folgende Motive und Themen sollen in ihrer ästhetisch-literarischen und historischen Bedeutung analysiert werden: Bruderzwist und Rebellion gegen die Väterordnung, Opposition gegen abstrakte Normen und Institutionen, Reflexion der Leistungen und Grenzen von Aufklärung und Sturm und Drang, Theater als moralische Anstalt und als Laboratorium der Emotionen, Faszination des großen Verbrechers, offene und geschlossene Form. Diese Aspekte werden konsequent auf die Bedingungen unserer „modernen Subjektivität" bezogen.

Die Interpretation setzt mit einem Forschungsüberblick ein (1), der exemplarisch die methodischen Richtungen der Germanistik seit den fünfziger Jahren in bezug auf die *Räuber* vorstellt, rekonstruiert dann die philosophischen, literatur- und sozialgeschichtlichen, biographischen und werkgeschichtlichen Grundlagen des Stücks (2) und exponiert dabei die Thematik der *Dialektik der Aufklärung* und einer Genese der modernen Subjektivität.

Die eigentlichen Textanalysen (3) befassen sich mit der Entstehung und den verschiedenen Fassungen des Dramas, mit formalen Aspekten, mit der Figuren- und Handlungsanalyse. Sie beschreiben zusammenfassend drei Sinnebenen der *Räuber*: eine individualpsychologische, eine sozialgeschichtliche und eine, die formelhaft mit der Geschichte der modernen Subjektivität beschrieben und mit neueren literaturtheoretischen Ansätzen wie der strukturalen Psychoanalyse verbunden werden kann. Die Unterrichtshilfen folgen der Interpretation bis in Einzelheiten und legen besonderen Wert darauf, die Lernenden in eine Beziehung zu dem Text zu bringen, die jenseits ästhetizistischer und historistischer Beflissenheit, aber auch ohne oberflächliche Gleichsetzungen die Aktualität von Schillers Text deutlich werden läßt.

1
Forschungsüberblick

Die Darstellung des Forschungsstandes zeigt in der notwendig begrenzten Auswahl mit der Fülle möglicher Positionen gerade die Vielschichtigkeit und damit die ästhetische Qualität von Schillers erstem Drama; die neueren Forschungen belegen darüber hinaus dessen überraschende Modernität. Unsere Interpretation geht davon und von der Prämisse aus, daß sich in dem Stück eine Pathogenese moderner Subjektivität zeigt. Entsprechend dem Vorgehen dieses Forschungsüberblicks unterhält unser Deutungsansatz kein polemisches Verhältnis zur bisherigen Forschung, sondern befragt diese kritisch auf ihre Einsichten und stillschweigenden Voraussetzungen. Im Sinne einer kritischen Hermeneutik verzichtet sie auf ein organologisches Verständnis des literarischen Textes und auf eine Identifizierung der realen oder vermeintlichen Intention des Autors mit dem „Gehalt" des Dramas. Sie rekonstruiert zunächst die Voraussetzungen des Stücks und versucht dabei stets, die historischen Elemente aus der Perspektive der Genese eines modernen Subjekts zu erläutern, und geht dann zur eigentlichen Analyse des Stücks über.

Wenn die Prämisse dieser Interpretation zutreffend ist, nach welcher die Probleme moderner Subjektivität im Zentrum der *Räuber* stehen, muß die Chance genutzt werden, dem heutigen Rezipienten auch einen unmittelbaren Zugang zu dem Stück zu ermöglichen; die notwendigen historischen Erläuterungen dienen ausdrücklich keinem historischen Interesse und keiner bildungsbürgerlichen Beflissenheit, sondern einem Blick auf die Geschichte aus Interesse an der Gegenwart. In dieser Intention verbinden sich eine zeitgemäße literaturwissenschaftliche Interpretation und die Bedürfnisse der Didaktik, die auch eine methodisch behutsame Integration avancierter psychoanalytischer Konzepte nicht ausschließen sollten.

Die aus heutiger Sicht traditionelle Schillerforschung legte Ende der fünfziger und Anfang der sechziger Jahre wichtige Deutungen zu den *Räubern* vor, von denen im folgenden exemplarisch die Interpretationen Benno von Wieses[1] und Hans Schwertes[2] vorgestellt werden sollen. Während sich die Arbeiten der siebziger und achtziger Jahre im Zeichen des Bruchs mit der Germanistengeneration, die vor dem Einschnitt des Jahres 1968 gewirkt hatte, polemisch gegen die „Überväter" wandten, läßt sich aus heutiger Sicht ohne jede Gereiztheit der Ertrag dieser frühen Deutungen analysieren und zum Gegenstand methodischer Reflexion machen.

Im Gegensatz zu den genannten Autoren steht die Interpretation von Hans Mayer aus dem Jahre 1959 für einen Ansatz, der von der kritischen Germanistik unmittelbar weiterentwickelt werden konnte.[3] Der Emphase einer „revolutionären" Germanistik, die sich mit einer doch relativ schematischen materialistischen Deutung im *Räuberbuch* von 1974[4] artikuliert, folgen Interpretationen, die Motive der Kritischen Theorie Horkheimers/Adornos aufgreifen und in differenzierter Weise das Verhältnis von literarischem Text und gesellschaftlicher Situation rekonstruieren. Exemplarisch für solche Deutungen stellen wir die Arbeiten Scherpes[5] und Steinhagens[6] vor. Der Forschungsüberblick ist der Ausgangspunkt für unseren Interpretationsansatz: Das Drama wird als Ausdruck einer Pathogenese der modernen Subjektivität verstanden. Außerdem überwindet diese Position eine allzu enge Bindung an sozialgeschichtliche Deutungen und berücksichtigt neuere psychoanalytische Ansätze.

Die Grundthese Benno von Wieses besagt, daß es in Schillers dramatischem Erstling „um eine Ordnung [gehe], die nicht mehr in Ordnung ist, um ein Gefüge, das nicht mehr gefügt ist und um dessen Wiederherstellung oder Neugründung sich der Dichter im dramatischen Prozeß bemühte."[7] Der Interpret leugnet nicht die Sprengkraft des rebellischen Grundtons der *Räuber*; er gewichtet aber insbesondere den Schluß des Stückes so stark, daß er insgesamt von einer Auflösung des von ihm benannten Grundkonflikts zwischen Individuum und Gesellschaft ausgeht. Die zitierte Passage belegt, daß von Wiese in der Tradition der hermeneutischen Literaturwissenschaft die Intention des Autors zum einheitsstiftenden Prinzip des Textes erklärt und die Existenz eines Widerspruchs zwischen dem „ideologischen Projekt" des Verfassers und der immanenten Dynamik des Stückes nicht in Erwägung zieht. Diese Haltung erscheint insofern konsequent, als die *Räuber*-Interpretation Teil eines Schiller-Buchs ist, das sich als Werkbiographie nach dem bekannten Schema „Leben und Werk" präsentiert und hermeneutische mit geistesgeschichtlichen Impulsen verbindet. Von Wiese arbeitet überzeugend den Zusammenhang von

Familienstruktur, politischer und religiöser Ordnung heraus, ohne die von Schiller sehr suggestiv durchgeführte Konstruktion ihrerseits auf ihre historische Bedingtheit hin zu befragen. Diese Konzeption ermöglicht durchaus schlüssige Beobachtungen zu den einzelnen Gestalten. Karl Moor erscheint als Rebell gegen die gestörte Vaterordnung, der am Anfang des Stückes (I, 2) durchaus durch Willen zum Chaos charakterisiert sei, dann aber (II, 3) als schwermütig-melancholischer Träumer und nicht mehr als Täter auftrete, in jedem Fall aber nicht als „Empörer gegen die Gottheit"[8] zu verstehen sei. Karls Argumente gegen den Freitod erscheinen als Reflexe eines christlichen Weltbildes, die Tötung Amalias ist als notwendiges Opfer, der Schluß des Dramas als Identifizierung des irdischen Tribunals mit dem göttlichen zu sehen. Die Monstrosität der Gestalt des Franz Moor deutet der Interpret gerade als Voraussetzung für die Widerlegung von dessen Position im fünften Akt, und die lyrischen Partien Amalias gelten ihm als Ausdruck einer Haltung, „wo das Schicksal nur erlitten, nicht selbsttätig herbeigeführt wird"[9]. Als Resümee seiner Deutung behauptet von Wiese gemäß der von ihm herausgestellten Intention des Autors die Identität von gesellschaftlichem und religiösem Drama:

> Das sind für den jungen Schüler keine Gegensätze. Darin ist er durchaus an das Erbe seines schwäbischen Geistesraumes gebunden. Denn das Eschaton des dramatischen Ausgangs ist ja nur die unerbittliche Konsequenz einer falschen gesellschaftlichen, ja darüber hinaus politischen Haltung, die die gottgewollte Ordnung der Familie in den Todsünden des Vater- und Brudermordes preisgegeben hat, um an ihre Stelle die uneingeschränkte Macht eines Einzelnen zu setzen. Irdische Tyrannis und ewiges Tribunal bleiben unmittelbar und direkt aufeinander bezogen.[10]

Die Deutung versteht die im Drama gestaltete Einheit von religiösem und gesellschaftlichem Konflikt als ein Faktum, das seinerseits nicht mehr auf seine Entstehungsbedingungen hin untersucht werden kann. Die Interpretation identifiziert sich mit der dem Autor zugeschriebenen Position, ohne die Frage zu untersuchen, ob das Stück selbst nicht durchaus auch Elemente aufweist, die einer synthetisierenden Deutung widersprechen. Als stillschweigende Voraussetzung der hermeneutischen Reflexion erweist sich neben dem

Bezug auf die einheitsstiftende Funktion der Autorintention die Überzeugung, daß das literarische Kunstwerk eine organische und teleologische Struktur aufweise, bei welcher dem Schluß eine synthetisierende und konfliktlösende Aufgabe zukomme. Damit wird die tendenziell offene Dramenform des Sturm und Drang, in deren Tradition Schillers *Räuber* zweifellos stehen, zugunsten einer klassizistischen Geschlossenheit negiert. Dies kommt der Gesamtintention des Schiller-Buches entgegen, das Leben und Werk des Dichters selbst organologisch interpretiert und seine Anfänge als Klassiker zu erkennen bemüht ist. Damit ist die Aussage des Stücks aber im Endergebnis konservativ und abwiegelnd; die rebellische Dimension der *Räuber* wird verdrängt.

Hans Schwertes Interpretation des Dramas führt zwar ebenfalls zu harmonisierenden Schlußfolgerungen; sie weist aber einige Elemente auf, die implizit die Position von Wieses in Frage stellen. Schwerte unterstreicht zunächst die Modernität des Stücks, welche dieses für heutige Rezipienten so interessant erscheinen lasse:

> [...] wir begehen wohl kein philologisches Sakrilegium, wenn wir diese geistige Zeitgenossenschaft als gegenwärtig bis zum heutigen Tag nehmen und die Problematik des Schauspieles im pointierteren Sinne als „modern" bezeichnen. Mit dieser geistigen Zeitgenossenschaft schlagen wir einen literatur- und geistesgeschichtlichen Bogen von der Mitte des 18. bis in die Mitte des 20. Jahrhunderts, innerhalb dessen gerade Schillers ,Räuber' zu den erregendsten Dokumentationen des so definierten „modernen Menschen" zählen, der sein Ich [...] zunächst optimistisch, dann schaudernd und schließlich verzweifelt als das einzige noch gültige und ihm verbindliche Tribunal entdeckt hatte, aber in dieser Entdeckung – der Selbständigkeit und Selbstbehauptung des Geistes – sich einzurichten versuchen mußte.[11]

Bei allem zeitbedingten existentialistischen Pathos wirken diese Sätze in ihrer Wendung gegen die historisierende geistesgeschichtliche Betrachtung innovativ und weiterführend; es gelingt Schwerte darüber hinaus, mit der nachdrücklichen Betonung der epischen Elemente des Dramas auch dessen formale Modernität zu demonstrieren. Der Interpret zeigt auch Verständnis für die Gestalt Spiegelbergs, die nach seiner Auffassung die verzerrte Sprache beider Brüder Moor spricht. Wichtig ist auch die mit Schillers Worten gestützte Beobachtung, daß sich der alte Moor als ein schwacher Vater erweise, wodurch die Frage des Autoritätskonflikts in einem neuen Licht erscheint. Eine entscheidende Wendung gegenüber der Deutung von Wieses nehmen die Überlegungen Schwertes, wenn dieser erklärt, daß „Karls Unterwerfung unter die sittliche Ordnung der Weltharmonie" problematisch erscheine, weil letztere „von Schiller nur behauptet, nirgends gezeigt"[12] werde. Die objektive Existenz einer harmonischen Ordnung, auf der von Wieses Standpunkt aufbaut, wird in der kritischen Reflexion Schwertes zweifelhaft. Um dennoch zu einer synthetisierenden Interpretation zu gelangen, muß Schwerte der Dimension der Liebe und damit der Gestalt Amalias eine zentrale Bedeutung zuweisen. Die Versöhnung werde Karl zuteil, „nachdem ihm Amalia die Hilfe ihrer Liebe, die Vergebung ihrer Tränen geschenkt hat. Amalia erst hebt die Dissonanz seiner schuldhaften Weltverzweiflung, seiner *discordia*, auf und macht Karl wieder fähig zur menschlichen Konsonanz."[13]

An anderer Stelle spricht der Interpret davon, daß die vorher und nachher problematisierte „sittliche Ordnung der Weltharmonie [...] allein in Amalias Liebe zu Karl gezeigt wird, nur in Amalias Träne schimmert ein Abglanz dieser verlorenen Harmonie"[13a]. Schwerte verweist damit implizit auf die Metaphysik der Liebe, die Schiller in der *Theosophie des Julius* (erschienen 1786) vorgetragen hat und die als Ausdruck eines vorkritischen Idealismus gilt. Die vorgeschlagene Lösung, die darauf verweisen kann, mit welchem Nachdruck Schiller den Räuber Moor als Liebenden und Geliebten darstellt, erscheint freilich insofern problematisch, als der von Benno von Wiese zu Recht als passiv bezeichneten Gestalt der Amalia innerhalb des Stückes eine Bedeutung zuerkannt wird, welche diese zu überfordern scheint. Auch immanent birgt Schwertes Vorschlag Probleme: Wenn nämlich der alte Moor als schwacher Vater vorgestellt wird, so geschieht dies nicht zuletzt aufgrund der ihm eigenen empfindsamen Züge, die aber bei Amalia die Lösung des Konfliktes zwischen Individuum und Gesellschaft herbeiführen sollen. Verdienstvoll bleibt Schwertes Ansatz aber allemal, weil er bereits früh auf ein ungelöstes Problem der Deutung von Wieses verweist, welche die nicht gezeigte universelle Harmonie im Stück als gegeben annimmt. Schwerte seinerseits sieht in der Vermeidung eines tragischen Schlusses eine Abwendung von der Gestaltung eines heroischen Individualismus und die gelungene Begrenzung der menschlichen Subjektivität:

Erst in der solchermaßen vorbereiteten Schlußwendung gelang Schiller die Eindämmung, nicht die Aufhebung des neuzeitlichen Selbstbewußtseins, gelang ihm die Erinnerung an das menschliche Maß innerhalb der ruinierten Welt des sich versagenden Vaters.[14]

Auch Schwerte deutet damit trotz aller differenzierenden Einschränkungen Schillers Jugenddrama als eine Vorbereitung der Klassik und bietet letztlich eine harmonisierende Interpretation, die den ‚rebellischen' Elementen des Stücks nicht gerecht wird.

Hans Mayers Interpretation kommt demgegenüber das Verdienst zu, schon früh den synthetisierenden Deutungen eine Analyse entgegengestellt zu haben, welche einerseits die Intensität der kritischen Impulse in Schillers *Räubern* betont, andererseits die Verbindung der inszenierten Lebens- und Weltentwürfe mit Positionen der europäischen Aufklärung und deren Selbstkritik akzentuiert.

In methodischer Hinsicht ist für Mayers Vorgehen bezeichnend, daß er nicht vorschnell nach einer Lösung der dargestellten Konflikte sucht, sondern die Problematik der einzelnen Sinndimensionen nachdrücklich hervorhebt. So erscheint die Gestalt des Franz Moor bei Mayer als Verkörperung des französischen philosophischen Materialismus und veranschaulicht auch dessen amoralische Konsequenzen, wobei das Drama insbesondere die Stringenz und innere Logik dieser Position herausstelle. Das Stück kritisiere die rationalistische Haltung Franz Moors aus „rousseauistischer" Perspektive (Erklärung des Begriffs auf S. 28 f.), die aber in der Gestalt des Karl Moor ihrerseits in ihrer Problematik gezeigt werde. Der an sich selbst zweifelnde Karl Moor scheitere, so Mayer, an sich selbst und nicht wie Goethes Götz an den Verhältnissen, weshalb die Figur des Räuberhauptmanns auch eine immanente Kritik am Genie- und Selbsthelfermodell des Sturm und Drang darstelle. Mayers Deutung der *Räuber* hat gerade deshalb besonders innovativ gewirkt, weil sie von einer gegenseitigen Relativierung der im Stück veranschaulichten Positionen ausgeht, ohne eine Synthese und Auflösung der Konflikte zu postulieren. Damit ist der Weg bereitet für eine Sicht, die die Problematik der modernen Subjektivität ohne Apologetik und Affirmation in ihrer ganzen Negativität und in ihrer Wendung gegen positive Institutionen und Wertungen faßt.

Literaturkritik und Germanistik sahen sich in den Jahren um 1968 mit einer grundsätzlichen Kritik an der Beschäftigung mit (klassischer) Literatur konfrontiert und suchten nach einer neuen Legitimation für eine kritische Auseinandersetzung mit den kanonischen Texten. Als Ausläufer der „Revolte" sind Projekte zu sehen, welche eine materialistisch-sozialgeschichtliche Analyse mit einer scharfen Kritik an der traditionellen „bürgerlichen" Germanistik verbanden.

Symptomatisch für diese Tendenzen ist das 1974 vom Verlag Roter Stern von einem Autorenkollektiv herausgegebene *Räuberbuch*, dessen Intention der Untertitel als eine Auseinandersetzung mit der „Rolle der Literaturwissenschaft in der Ideologie des deutschen Bürgertums am Beispiel von Schillers *Die Räuber* beschreibt. Der Band befaßt sich ausführlich mit den historischen Räuberbanden, die im achtzehnten Jahrhundert zahlreiche Aktivitäten entwickelten, und versucht, deren politische Bedeutung als Ausdruck einer Rebellion gegen die feudalistische Gesellschaftsordnung herauszustellen. Die Autoren greifen unter anderem Anregungen der berühmten Piscator-Inszenierung auf, die im Jahre 1926 im Staatlichen Schauspielhaus Berlin stattfand. Der kritische Impetus der Verfasser macht sie freilich nicht blind für die Tatsache, daß der Räuber Moor nicht umstandslos als politischer Rebell verstanden werden kann. Auf diese Problematik reagiert das *Räuberbuch* mit einer ideologiekritischen Strategie, die auf einer Unterscheidung zwischen subjektivem Bewußtsein und objektiver historischer Situation basiert. Von Karl Moor heißt es: „Er hat, ähnlich dem Autor Schiller, keine wirkliche Vorstellung von den materiellen Bedingungen der gesellschaftlichen Situation, in der er lebt und aus der heraus er kämpft."[15] Die rückständigen deutschen Verhältnisse, so die Deutung, seien an dieser Verkennung schuld, und sie seien auch dafür verantwortlich, daß Schiller die gesellschaftliche Problematik mit einer religiösen Dimension verbinde, die wiederum den revolutionären Impetus des Stücks verschleiere.

Dieser Argumentation kommt das Verdienst zu, die von der früheren Forschung größtenteils als Faktum hingenommene Verzahnung von gesellschaftlicher und metaphysisch-religiöser Thematik ihrerseits auf ihre gesellschaftliche Genese hin befragt zu haben. Die Kritik erweist sich aber insofern selbst als ideologisch, als sie vom Standpunkt eines vermeintlich richtigen Bewußtseins aus argumentiert und Abweichungen von diesem nur als Irrtum und Befangenheit zu deuten vermag. Letztlich stützt sich die Analyse des *Räuberbuches* auf ein dogmatisch fixiertes geschichtsphilosophisches Modell: das des Historischen Materialismus. Dieser Ansatz begreift die Geschichte des Bürgertums lediglich als Vorgeschichte von Sozialismus und Kommunismus und ist von der Überzeugung getragen, daß die von Schiller gestalteten Widersprüche für das „richtige", das sozialistische Bewußtsein nicht mehr bestehen. Das Verdienst der ideologiekritischen Intention liegt zweifellos darin, die spezifische weltanschauliche Struktur von Schillers Denken, die von der früheren Forschung als Grundlage des Stückes angesehen und in den Rang einer unbezweifelbaren Wahrheit erhoben wurde, anzuzweifeln.

Neuere Deutungen haben sich aber von der „besserwisserischen" Haltung gegenüber dem vermeintlich traditionellen Text gelöst und versucht, dessen formale und gedankliche Struktur als Bearbeitung einer Problemlage zu interpretieren, die nicht apriori aus heutiger Sicht obsolet ist. Der kritische Durchgang durch die dogmatische Ideologiekritik geht von der Überzeugung aus, daß sich gesellschaftliche Widersprüche im Kunstwerk als Widersprüche der Form artikulieren; wenn die Widersprüche in Schillers Denken und in seinem künstlerischen Gestalten aber mit der Dialektik der Aufklärung und der Problematik moderner Subjektivität zu tun haben, so können sie nicht nur als historisch und als in unserer Gegenwart überwunden gelten.

Exemplarisch für eine Deutung, die sich zum Ziel setzt, den ideologiekritischen Ansatz im Hegelschen Sinne aufzuheben, ist Klaus R. Scherpes Aufsatz über die *Räuber*. Nicht ideologiekritische Überheblichkeit, sondern analytische Schärfe ist seine Reaktion auf die Widersprüche in Schillers Text:

Das Problem liegt vielmehr darin, daß der junge „Genius" sich selbst, überzeugt und bezwungen von der deutschen Misere, in der er stand, den revolutionären „Adlerflug" versagte, zu dem er doch eben erst ansetzte. Diese Problematik lohnt die literaturhistorische Rekonstruktion, sowohl nach der Seite der eminenten Herausforderung an die herrschende Macht als auch nach der Seite der melancholischen Resignation.[16]

Forschungsgeschichtlich erscheint Scherpes Position als eine Weigerung, eine Option für eine der beiden Seiten – die metaphysisch-transzendente im Sinne von Wieses und Schwertes, die gesellschaftlich-politische nach der Manier des *Räuberbuches* – zu ergreifen. Es geht Scherpe darum, weder die Brisanz der Rebellion noch das Gewicht der Bindung an bestehende Ordnungen zu unterschlagen. Sowohl die Schwäche des patriarchalischen Herrschers, die der alte Moor verkörpert, als auch die philosophisch legitimierte Unterdrückung im Stile von dessen Sohn Franz erscheinen Scherpe als realistische Gestaltungen gesellschaftlicher Wirklichkeit in Deutschland um 1780. Die Rebellion des Räubers Moor ist aus dieser Perspektive als ambivalent einzustufen: Der Traum von der guten Herrschaft erscheint einerseits unverkennbar als Regression, er läßt sich jedoch andererseits gegen die absolut böse Despotie des Franz Moor noch als traumhaft-illusionäre als die bessere ins Bild setzen. Die moralische „Überkonstruktion" des Stücks müsse gerade von der politischen Deutung berücksichtigt und in ihrer Legitimationsfunktion erfaßt werden, „unter deren Lizenz der Autor seinen Räuberphantasien freien Lauf läßt."[17] Hinter Karls Entsagung stehe

[...] das Erschrecken im bürgerlichen Bewußtsein über die Konsequenz eines Handelns, das vom Ideal des menschenversöhnenden und tugendhaften Wirkens nicht gedeckt ist. Dem Gewaltmonopol des feudalistischen Staates ausgesetzt, kann die bürgerliche Opposition sich über die Möglichkeit der eigenen Gewaltanwendung doch nur in der Form von Schuld und Sühne ihrer Ohnmacht vergewissern.[18]

Schillers moralisierende Konstruktion nehme die Reaktion der deutschen Intellektuellen auf die Französische Revolution gleichsam vorweg, bei der bekanntlich auf die (verhaltene) anfängliche Zustimmung eine erbitterte Ablehnung folgte. Spiegelberg drücke in Namen und Gestalt die unterdrückten Phantasien des sich im Autoritätskonflikt befindenden Karl aus. Dessen Melancholie zeige das Ideal, um das es doch gehe, immer schon in der Form des unerfüllbaren Wunschtraumes und der Regression in die unschuldige Kindheit. Es vollziehe sich bei dem Anführer der Räuber keine Entwicklung, vielmehr lasse sich „ein statisches Nebeneinander von Aktion und Kontemplation"[19] feststellen. Der Schluß des Dramas erscheint Scherpe in seinem Ausweichen vor dem Tragischen aufgrund der moralischen Konstruktion durchaus als „ästhetische Fehlleistung"[20]. Im Widerspruch zu dieser Aussage erklärt der Interpret jedoch ein paar Zeilen später mit Hinweis auf die charakteristische Ambivalenz des Dramas:

> Am Ende ist das Räuberdrama in der Tat so zeit- und ortlos, wie es manche Interpreten gern in toto sehen möchten. Doch gerade die ‚Gesellschaftslosigkeit' des versöhnlichen Schlusses kann verstanden werden als i n h a l t l i c h kräftiges Dementi der Apologie der feudalaristokratischen Herrschaft, zu der sich der Autor am Ende i n a l l e r F o r m bereitfindet.[21]

Scherpes Interpretation geht über den ideologiekritischen Dogmatismus des *Räuberbuches* insofern hinaus, als er die Ambivalenzen des Schillerschen Textes als künstlerische Aufarbeitung gesellschaftlicher Widersprüche auffaßt. Scherpes Ausführungen bleiben einem gewissen Schematismus verhaftet, wenn sie wie in ihrer Bewertung des Schlusses die formalen Entscheidungen des Dichters aus ideologischen Gründen kritisieren. Die allzu einseitige sozialgeschichtliche Orientierung hindert Scherpe daran, in den Ambivalenzen des Stückes die Antinomien der modernen Subjektivität etwa im Verhältnis zur staatlichen Gewalt und zu den objektiven Institutionen zu erkennen. Scherpe schreibt:

> Eine die Verhältnisse sprengende Utopie hätte zusammenfügen müssen, was Schiller poetisch sittsam verteilt und mindert: die Sprengkraft des die Legitimität der feudalen Herrschaftsverhältnisse zermürbenden Materialismus eines Franz und den gewaltigen Idealismus eines Karl, der auch die Gewalttätigkeit eines Spiegelberg nicht scheut. Diese Utopie konnte allerdings nicht die Sache Schillers sein für seine Räubergeschichte. Die Verhältnisse zwischen Stuttgart und Mannheim um 1780 gaben sie nicht her.[22]

Vielleicht bedurfte es der Erfahrungen zu Beginn der neunziger Jahre mit dem Ende des real existierenden Sozialismus und den weiterhin bestehenden Problemen der „kapitalistischen" Gesellschaften, um die – eigentlich naheliegende – Reflexion anstellen zu können, daß auch zwei Jahrhunderte nach Schiller seine gestalteten Antinomien in ihrer Grundstruktur fortbestehen und aus diesem Grunde der ambivalente Schluß der *Räuber* heute als ein ästhetisch gelungener rezipiert werden kann.

Ausgehend von Horkheimers/Adornos *Dialektik der Aufklä-*

rung und in Weiterführung des Ansatzes von Hans Mayer beschreibt Harald Steinhagen die Affinitäten der Position des Franz Moor zur „schwarzen Aufklärung" eines Marquis de Sade (vgl. S. 32 f.). Damit stellt er Schillers Drama konsequent in den Kontext einer kritischen Analyse der Moderne. Steinhagen analysiert die *Räuber* im Kontext des gesamten frühen Dramenwerks Schillers und konstatiert allgemein das Scheitern der anschaulichen Demonstration einer sinnhaften Weltordnung, die in den Texten intendiert gewesen sei. Seine Darstellung macht darüber hinaus aber noch eine weitere Dimension der *Räuber* bewußt, die deren Modernität unterstreicht und das Stück in einer bisher nicht gewürdigten Dimension zeigt. Wenn Schiller nämlich in der Vorrede „die Vorteile der dramatischen Methode [anspricht], die Seele gleichsam bei ihren geheimsten Operationen zu ertappen" (3), so stellt er einen Zusammenhang zwischen seiner eigenen poetischen Tätigkeit und der Menschenbehandlung Franz Moors her. Steinhagen folgert daraus, daß ein wesentlicher Gehalt der Poetik des jungen Schiller bisher übersehen worden sei, der darin bestehe, die Beherrschung des Menschen durch Poesie ins Werk zu setzen. Die Einwirkung auf die Gefühle des Zuschauers erfolge wie die Manipulationen Franz Moors durch die bloße Wirksamkeit der Mittel, gleichgültig, zu welchen äußeren Zwecken sie angewendet würden. Schon Hans Schwerte hatte festgestellt:

> Übrigens ist es verblüffend, daß im Raum dieses Dramas Worte wie „Spiel", „Kunst", „künstlich", Zentralbegriffe der späteren ästhetischen Erziehung Schillers, fast ausschließlich auf Seiten von Franz vorkommen und ihm, dem Spieler in „Geist" und Verstand, vorbehalten zu sein scheinen.[23]

Aufgrund des Bezuges auf die klassische Ästhetik Schillers war Schwerte die Brisanz seiner Beobachtung nicht bewußt geworden: Aus der Perspektive Steinhagens wird demgegenüber der amoralische Aspekt einer Wirkungsästhetik deutlich, der es primär darum geht, die Emotionen der Zuschauer zu beeinflussen. Es ließe sich schlußfolgern, daß etwa die berühmte Szene IV, 5 mit dem wiederentdeckten Vater nicht in erster Linie moralische Empörung, sondern Angst und Schrecken und so emotionale Betroffenheit hervorrufen soll. Damit widerspräche die Dramenpraxis Schillers freilich dessen konventionell aufklärerischer Schaubühnenrede von

1784 (mit dem berühmten, aber auch häufig mißverstandenen Wort von der „moralischen Anstalt") und stellte den Bühnenautor Schiller in die Tradition eines „Theaters des Schreckens und der Grausamkeit", das über Shakespeare und Kleist bis hin zu Artaud und Heiner Müller verfolgt werden kann.

Steinhagen ist jedenfalls überzeugt, daß der vorkritische Idealismus Schillers auf demselben aufklärerischen Vernunftbegriff beruhe, den dieser an Franz Moor kritisiere. Die von Schwerte ins Zentrum gerückte Amalia-Handlung stelle wie die *Theosophie des Julius* lediglich eine unzulängliche Hilfskonstruktion dar, in welcher die Liebesmetaphysik die verlorene Einheit und die ethische Ordnung wiederherstellen solle.

2
Grundlagen

Um zu zeigen, wie die dramatische Darstellung einer Pathogenese der modernen Subjektivität in Schillers Drama möglich wird, sollen die folgenden Ausführungen philosophische, literarische, sozialgeschichtliche und biographische Grundlagen rekonstruieren, die die in den *Räubern* auftretende Problemkonstellation verständlich machen können. Dabei dient die historische Betrachtung ausdrücklich nicht einem musealen Interesse am Vergangenen; wir betrachten das geschichtliche Material vielmehr konsequent aus der aktualisierenden Perspektive der Bestimmung moderner Subjektivität. Dabei werden die Aporien der Aufklärung und die aus diesen resultierende „Dialektik der Aufklärung" (vgl. Horkheimer und Adorno) thematisch, die von den Autoren des Sturm und Drang wie auch vom jungen Schiller nicht aus einer irrationalistischen Perspektive und damit in antiaufklärerischer Polemik, sondern im Sinne einer Selbstkritik der Aufklärung behandelt werden.

Der ideengeschichtlichen Skizze folgt ein exemplarischer Überblick über die literarhistorischen Erscheinungen von Aufklärung, Empfindsamkeit und Sturm und Drang sowie eine sozialgeschichtliche Einordnung des vorgestellten Materials. Schließlich wenden wir uns unmittelbar dem Autor Schiller zu, skizzieren die stofflichen Anregungen für sein Stück, die biographischen Grundlagen aus Schillers Zeit an der Karlsschule und geben einen Überblick über sein späteres Werk. Die Sonderstellung der *Räuber* und der beiden anderen frühen Dramen Schillers (*Fiesko, Kabale und Liebe*) ergibt sich daraus, daß diese nicht nur eine Weiterführung und Kritik der Aufklärung, sondern bereits auch des Sturm und Drang darstellen. Damit erscheint der vorklassische Schiller als ein Autor, der jenseits aller harmonisierenden Konzepte die Problematik moderner Subjektivität darstellt. Diese „Subjektivität" tritt als bürgerliche Oppositionsbewegung nicht nur im antifeudalistischen Sinne, sondern sogar als Protesthaltung des einzelnen auf. Damit werden die Aporien des modernen Individuums in spektakulärer und wirksamer Form auf der Bühne öffentlich ausgestellt.

2.1
Aporien der Aufklärung

Zwei Jahre nach der Uraufführung von Schillers erstem Drama erscheint gewissermaßen als Resümee einer Epoche Kants berühmte „Beantwortung der Frage: Was ist Aufklärung." Der Königsberger Philosoph gibt sich dabei durchaus als Parteigänger der Bewegung zu erkennen; in seiner Argumentation wird die Notwendigkeit der Revision deutlich, mit der unter anderem die Stürmer und Dränger offenkundige Entstellungen und Begrenzungen des aufklärerischen Selbstverständnisses zu überwinden versuchen. In dieser Zeit besteht Konsens über (fast) alle Strömungen und Generationen hinweg über folgende bekannte Definition Kants:

> Aufklärung ist der Ausgang des Menschen aus seiner selbst verschuldeten Unmündigkeit: Unmündigkeit ist das Unvermögen, sich seines Verstandes ohne Leitung eines anderen zu bedienen. Selbstverschuldet ist diese Unmündigkeit, wenn die Ursache derselben nicht am Mangel des Verstandes, sondern der Entschließung und des Mutes liegt, sich seiner ohne Leitung eines anderen zu bedienen. Sapere aude! Habe Muth dich deines eigenen Verstandes zu bedienen! ist also der Wahlspruch der Aufklärung.[24]

Jeder der beiden sich feindlich gesinnten Brüder in den *Räubern*, und Franz noch eher als Karl, könnte diese Sätze unterschreiben, welche die Mündigkeit des (denkenden) Subjekts zur Leitvorstellung der Aufklärung erheben. Die weiteren Erläuterungen Kants zeigen jedoch die Abstraktheit und den weitgehend formalen Charakter dessen, was er hier unter Mündigkeit versteht. Kant etabliert insbesondere eine (aus heutiger Sicht eher mißverständliche) Unterscheidung zwischen einem öffentlichen und einem privaten Gebrauch der Vernunft, welche eine Dichotomie zwischen Individuum und Gesellschaft aufzeigt, gegen die sich die Protagonisten des Sturm und Drang erbittert zur Wehr setzen:

> [...] der öffentliche Gebrauch der Vernunft muß jederzeit frei sein, und der allein kann Aufklärung unter Menschen zu Stande bringen; der Privatgebrauch derselben aber darf öfters eingeschränkt sein, ohne doch darum den Fortschritt der Aufklärung sonderlich zu hindern. Ich verstehe aber unter dem öffentlichen Gebrauche seiner eigenen Vernunft denjenigen, den jemand als Gelehrter von ihr vor dem ganzen

Publikum der L e s e w e l t macht. Den Privatgebrauch nenne ich denjenigen, den er in einem gewissen ihm anvertrauten b ü r g e r l i c h e n Posten, oder Amte, von seiner Vernunft machen darf.[25]

Kant zeichnet hier das Prinzip des aufgeklärten Absolutismus nach, bei dem gemäß der im Text zitierten Maxime ,, r ä s o n n i r t s o   v i e l   i h r   w o l l t ,   u n d   w o r ü b e r   i h r   w o l l t ;   n u r   g e - h o r c h t !'' freie Meinungsäußerungen in einer sich bildenden bürgerlichen Öffentlichkeit toleriert werden. Im Bereich des politischen und gesellschaftlichen Handelns aber wird absoluter Gehorsam gefordert. Was Kant mit Blick auf die von ihm diagnostizierte Unreife der meisten Menschen begrüßt, erscheint vielen Zeitgenossen als unselige Zersplitterung menschlicher Möglichkeiten und als ein Auseinanderklaffen von Theorie und Praxis, individueller Haltung und gesellschaftlichem Handeln. Darüber hinaus ist der hier vertretene Aufklärungsbegriff eindeutig intellektualistisch; er vernachlässigt neben dem Bereich der menschlichen Praxis auch die Ebene der Emotionen und der Interaktion.

Gegenüber dieser rigiden Konstruktion klagen die kritischen Analytiker der Aufklärung eine allumfassende Ausbildung der Persönlichkeit und die Möglichkeit ein, individuelle Fähigkeiten und Anlagen auch im gesellschaftlichen Raum anzuwenden. Kants grundlegende, sicher auch auf seine Rücksichtnahmen als preußischer Untertan zu beziehende Skepsis artikuliert und legitimiert eine Erfahrung, die zu einem Grundmuster der Pathogenese moderner Subjektivität gehört. Diese kann man als Antagonismus zwischen individuellen Ansprüchen und abstrakter gesellschaftlicher Ordnung bezeichnen. Der Sturm und Drang als Gesamtbewegung kann dieses Problem nicht aus der Welt schaffen; selbst seine literarischen Figuren müssen scheitern, weil sie konsequenterweise allzuoft zwischen Allmachtsphantasien und handlungshemmender Melancholie schwanken.

Aber selbst innerhalb der (bürgerlichen) Öffentlichkeit ist im Rahmen des aufgeklärten Absolutismus die Meinungsfreiheit begrenzt. Kant selbst gibt zu, daß sich die Freiheit des Räsonierens hauptsächlich auf den Bereich der Religion bezieht: „In diesem Betracht ist dieses Zeitalter das Zeitalter der Aufklärung, oder das Jahrhundert F r i e d e r i c h s.''[26] Wenn Kants Ausführungen das Preußen des aufgeklärten Freundes der Philosophen als Modell hinstellt, so wendet sich diese Bewertung gegen ihn, wenn man bedenkt, was ein kritischer Zeitgenosse wie Lessing am 25. 8. 1769 gegenüber Nicolai äußert:

> Sonst sagen Sie mir von Ihrer Berlinischen Freiheit zu denken und zu schreiben ja nichts. Sie reduziert sich einzig und allein auf die Freiheit gegen die Religion soviel Sottisen zu Markte zu bringen, als man will. [...] lassen Sie einen in Berlin auftreten, der für die Rechte der Untertanen, der gegen Aussaugung und Despotismus seine Stimme erheben wollte, wie es jetzt sogar in Frankreich und Dänemark geschieht: und Sie werden bald die Erfahrung machen, welches Land bis auf den heutigen Tag das sklavischste Land von Europa ist.[27]

Die scharfe Kritik Lessings unterscheidet sich von der Position Kants nur in der Bewertung, nicht in der Analyse; sie zeigt, daß im Jahrzehnt des Sturm und Drang das System des aufgeklärten Absolutismus insgesamt zur Diskussion stand. Es soll im folgenden in der gebotenen Kürze charakterisiert werden.

Der aufgeklärte Absolutismus setzte die zentralisierende Staatsbildung der frühen Neuzeit fort, die sich gegen landständische und kleinere territoriale Gewalten wandte. Die spezifische Rationalität des staatlichen Handelns wurde nicht mehr durch das Gottesgnadentum, sondern durch naturrechtliche Vorstellungen legitimiert. Es vollzog sich eine Modernisierung von oben, die sich um die Meinung der Untertanen wenig kümmerte, diesen vielmehr auch gegen ihren Willen Veränderungen aufnötigte. Die aufklärerischen Prinzipien begünstigten zunächst die Effizienz der absolutistischen Regierung, mußten aber im Laufe der Zeit deren Legitimität aushöhlen. Den Stürmern und Drängern erschienen, wie Goethes *Götz* besonders eindrucksvoll zeigt, gerade die Modernisierungs- und Rationalisierungstendenzen des neuzeitlichen Staates als problematisch, weil sie sich gegen die Interessen partikularer Gewalten und erst recht einzelner Individuen wandten. Demgegenüber konnte es in vorigen Phasen der Aufklärung durchaus eine Interessenkonvergenz zwischen den Aufklärern und den absolutistischen Herrschern geben:

> Die Aufklärer selbst sahen sich als eine intellektuelle Elite an, die bis zur erfolgreichen Aufklärung aller Volksschichten gleichsam als geistiger Vormund fungieren mußte. Die vom Absolutismus betriebene Bevormundung der Untertanen, ihre prinzipielle Ausschließung vom aktiven politischen Leben traf also bei den Aufklärern, solange sie das

Gefühl hatten, nicht selbst betroffen zu sein, und die Fürsten aufgeklärte Reformpolitik betrieben, auf Verständnis oder gar Billigung.[28]

In Schillers *Räubern* erscheint Franz Moor als das Zerrbild eines aufgeklärten Absolutisten, der rationalistische Maximen schlicht und einfach zur Unterdrückung seiner Untertanen gebraucht, Karl Moor dagegen als derjenige, der in einem Zeitalter unpersönlicher, abstrakter Prinzipien persönliche Beziehungen zwischen den Menschen erstrebt und als individuelle Person auch innerhalb des politisch-gesellschaftlichen Raumes zu handeln wünscht. Was bei Kant als Unterscheidung zweier Ebenen funktioniert, erscheint in Schillers Stück als Ausdruck der Zerrissenheit des modernen Menschen und seiner Welt. Die Kritik an der abstrakten Aufklärung und der durch sie entstandenen Herrschaftsformen erscheint dabei insofern in spezifischem Sinne modern, als der anvisierte aufgeklärte Absolutismus Momente der späteren kapitalistischen Gesellschaft wie anonym-abstrakte Herrschaft und Verdinglichung menschlicher Beziehungen vorwegnimmt. Die Revolte Karl Moors läßt sich daher als Ausdruck einer Antinomie des modernen Menschen begreifen, der einerseits die Selbstverwirklichung des Subjekts einfordert, andererseits an der Anonymität versachlichter Herrschaftsbeziehungen scheitert.

Die Diskrepanz zwischen theoretischem Anspruch und praktischer Verwirklichung von Aufklärung wird auch von dem Erzähler in Jakob Michael Reinhold Lenz' *Zerbin oder die neuere Philosophie* (entstanden 1775) artikuliert:

> Wir leben in einem Jahrhundert, wo Menschenliebe und Empfindsamkeit nichts Seltenes mehr sind: Woher kommt es denn, daß man so viele Unglückliche unter uns antrifft? Sind das immer Unwürdige, die uns unsere durch hellere Aussichten in die Moral bereicherten Verstandesfähigkeiten als solche darstellen?[29]

Daß avancierte aufklärerische Positionen am Hofe Friedrichs II. artikuliert werden und auf diese Weise mittelbar oder unmittelbar zur Stabilisierung absoluter Herrschaft beitragen können, zeigt die zeitweilige Anwesenheit Voltaires und des Materialisten La Mettrie in Potsdam. Zweierlei Konsequenzen ergeben sich daraus: die Möglichkeit, eine Despotie auf (einseitige) aufklärerische Maximen zu begründen (wie es Schillers Dramenfigur Franz Moor praktiziert), und eine neue Sicht auf die Religion, die mit Gefühl und

Moral eine Verbindung eingehen und die bürgerliche (mehr oder weniger behutsame) Opposition gegen den aufgeklärten Absolutismus begleiten kann (woraus sich unter anderem die sorgsame Trennung von echter Frömmigkeit und der Institution Kirche in den *Räubern* erklärt).

Die Reflexion von Aporien der Aufklärung läßt sich mit unmittelbarem Bezug zu den *Räubern* in zwei Richtungen weiterverfolgen: Einerseits vollzieht sich in der Nachfolge Rousseaus eine Wendung gegen die gesellschaftlichen Institutionen, welche die Einschränkung der Freiheit zu organisieren scheinen, und eine Hinwendung zu einem idealisierten Naturverständnis, das die gesellschaftliche Entfremdung zu überwinden sucht und ein Plädoyer für den ganzen, auch den fühlenden und kraftvollen Menschen hält. Andererseits fällt ein erschreckter Blick auf Auswirkungen einer „schwarzen" Aufklärung (vgl. S. 32 f.), die konsequent jede Bindung der Vernunft an die Moral negiert und rationales Handeln nur auf strategische und egoistische Vorteile ausrichtet.

Rousseau hatte in seinem ersten *Discours* (1750) auf die Frage der Akademie von Dijon, ob die Renaissance der Wissenschaften und Künste seit dem Beginn der Neuzeit die Menschen glücklicher gemacht habe, zum Erstaunen der Zeitgenossen gegen den aufklärerischen Optimismus mit einem klaren „Nein" geantwortet. Die fortschreitende Aufklärung habe, so argumentierte der Genfer Kulturkritiker, die natürliche Tugend, Unschuld, Ursprünglichkeit, Echtheit und Wahrhaftigkeit des menschlichen Empfindens und Fühlens zerstört. Argwohn, Mißtrauen, Furcht, Haß und Verrat seien an deren Stelle getreten, und diese Verluste könnten durch alle Errungenschaften der Wissenschaften und Künste nicht kompensiert werden.

Im zweiten *Discours* über den Ursprung der Ungleichheit zwischen den Menschen (1755) war Rousseau von der Hypothese eines Naturzustandes ausgegangen, der durch Besitzlosigkeit, Glück, Zufriedenheit und Gleichheit gekennzeichnet gewesen sei. Erste Eigentumsbildung und Arbeitsteilung hätten zur Ungleichheit unter den Menschen geführt. Die Überwindung der modernen Entfremdung ist – in durchaus unterschiedlicher Perspektive – das Ziel von Rousseaus Hauptwerken, die zum einen in der Erziehung (*Emile*, 1762), zum anderen in der politischen Ordnung (*Du contrat social*, 1762), aber auch in der schwärmerischen Liebe und in der Nähe zur „realen" Natur (*Julie ou la nouvelle Héloïse*, 1769) Auswege aus dem Dilemma der einseitig aufgeklärten Gesellschaft skizzieren. „Der Mensch ist frei geboren, aber überall liegt er in Ketten!" – dieser Eingangssatz der politischen Hauptschrift Rousseaus kennzeichnet das Lebensgefühl auch vieler deutscher Zeitgenossen, für die Rousseau ein eminent wichtiger Anreger war.

Bedeutsam für den Sturm und Drang erscheint insbesondere Rousseaus Ansicht, daß die großen modernen Territorialstaaten grundsätzlich nicht in der Lage seien, gesellschaftliche Ordnungen zu begründen, in denen der einzelne in einer harmonischen Beziehung zum Ganzen stehen könne, weshalb man sich entweder an der Vergangenheit (Athen, Sparta) oder an überschaubaren modernen Klein- oder Stadtstaaten (Korsika, Genf) zu orientieren habe. Der Sturm und Drang reagierte auf diese Überlegungen unter anderem mit einer relativen Hochschätzung des Mittelalters (Goethes *Götz*, der Osnabrücker Historiker und Politiker Justus Möser, vgl. S. 40 f.). Schillers *Räuber* reflektieren diese Problemkonstellation, indem sie zeigen, daß Herrschaftsformen dem herausragenden Individuum als unannehmbar erscheinen, wenn sie nicht nach dem Modell der auf gegenseitigem Vertrauen aufbauenden menschlichen Gemeinschaften (Familie, Clan) funktionieren.

In der Nachfolge Rousseaus ergibt sich beim jungen Schiller wie bei Goethe eine charakteristische Mischung aus konservativen und „progressiven" politischen Positionen; auch der Theoretiker des Gesellschaftsvertrages war nicht so eindeutig einer politischen Richtung zuzuordnen, wie dies den jakobinischen Revolutionären erschien, die sich auf ihn beriefen. Charakteristisch für den empfindsamen Jean-Jacques erscheint jedenfalls zumindest auch die Bergwelt der *Nouvelle Héloïse*, in der sich für den Protagonisten Saint-Preux das Naturerlebnis mit einer unerfüllten Liebe und einer schwärmerischen Melancholie verbindet. Rousseaus Figur erfreut sich an der Ernte der Bergbauern, die ihm als das Paradigma eines glücklichen gemeinsamen Lebens und Arbeitens in einer durch persönliche Beziehungen charakterisierten Gemeinschaft erscheint. Schillers Rousseau-Rezeption ist nicht im Sinne eines naiv-illusionären „Zurück zur Natur" zu verstehen (das Rousseau in dieser Banalität auch nicht verkündete); sie artikuliert aber die melancholische Sehnsucht des modernen Subjekts nach einem verlorenen Zustand der Harmonie und des vertrauensvollen personalen Austausches mit den Mitmenschen. Noch der klassische Schiller zeigt in seiner Abhandlung *Über naive und sentimentalische Dichtung* (1796) deutlich den Einfluß Rousseaus, wenn er erklärt: „Der Dichter [...] i s t entweder Natur, oder er wird sie s u c h e n. Jenes macht den naiven, dieses den sentimentalischen Dichter"[30], wobei Schiller selbst sich als Prototyp des sentimentalischen Dichters versteht (der in diesem Sinne Karl Moor als seinen Helden begreifen muß).

Den erwähnten Bezug zur „schwarzen" Aufklärung fand Schiller in Christoph Martin Wielands *Geschichte des Agathon* (erste Fassung 1766) vor, in welcher der Sophist Hippias den tugendhaften Titelhelden mit einem Gedankengebäude in Versuchung zu führen sucht, das dem französischen Materialismus abgeschaut erscheint. Die aufklärerische Rationalität erweist sich dabei als losgelöst von der Moral, indem sie lediglich das egoistische Interesse des einzelnen anerkennt und ethische Reflexionen als unbegründet und vorgeschoben ausweist. Hippias macht sich die aufklärerische Kritik an den Vorurteilen im Dienste eines amoralischen Epikureismus zu eigen und zeigt damit indirekt, wie die erwähnte Allianz zwischen aufgeklärter Philosophie und Despotismus funktioniert:

> Erfahrung und Nachdenken haben mich von Vorurteilen frei gemacht; ich genieße alles, was ich wünsche, und wünsche nichts, dessen Genuß nicht in meiner Gewalt ist. Ich weiß also wenig von Unmut und Sorgen.[31]

Was in der Rede des Hippias noch als relativ harmlose Philosophie des Genusses erscheint, erweist sich innerhalb der Romanhandlung als eine Geisteshaltung, die sich anderer Menschen lediglich zu strategischen Zwecken bedient. Schillers Franz Moor wird als aufgeklärter Bösewicht die Trennung von Vernunft und Moral radikalisieren und damit die bohrende Frage an die Philosophie der Aufklärung stellen, ob deren Rationalismus ein Zusammenleben der Menschen nicht gerade unmöglich macht.

Nicht nur in den deutschen Kleinstaaten war der aufklärerische Rationalismus Inhalt der Literatur, sondern ebenfalls im benachbarten Frankreich. Im gleichen Jahr, in dem Schillers *Räuber* uraufgeführt wurden, erschien Choderlos de Laclos' Roman *Les liaisons dangereuses* (dt. *Gefährliche Liebschaften*). Thematisiert wird darin die Korrumpierung der menschlichen Gefühle durch die völlig rationale Strategie des verführenden Libertins in erschreckender (und gleichwohl oder gerade deshalb) ästhetisch-literarisch reizvoller Weise. Von Laclos' trotz aller rousseauistisch-moralisierender Vorbehalte unverkennbarer Freude am Zynismus war der Weg nicht mehr weit zu den imaginären Ausschweifungen des Marquis de Sade, der etwa in seinem Roman *Histoire de Juliette ou Les prospérités du vice* (dt. *Geschichte der Juliette oder Die Vorteile des Lasters*) (1790) die aufklärerische „Entlarvung" von Religion und Moral auf die Spitze trieb und die mechanischen Spiele der Körper zum Programm erhob (vgl. S. 32 f.).

2.2
„Dialektik der Aufklärung" (Horkheimer/Adorno)

Max Horkheimers und Theodor W. Adornos im Jahre 1944 zuerst erschienene *Dialektik der Aufklärung* stellt einen profilierten Versuch dar, die skizzierte Problemlage aus der Sicht eines durch die Barbarei von Faschismus und Stalinismus gezeichneten zwanzigsten Jahrhunderts als Urgeschichte einer grundlegenden Krise der modernen Rationalität und Subjektivität zu interpretieren. Sie ist für die neuere Forschung zu einem Deutungsmuster geworden, das es erlaubt, die Problemkonstellation, aus der heraus Schillers *Räuber* geschrieben wurden, so zu rekonstruieren, daß deren Aktualität deutlich wird, ohne daß es notwendig wäre, gewaltsam inhaltliche Parallelen vom Typ „Räuber=RAF" herzustellen. Horkheimer und Adorno beschreiben die Tendenz der aufklärerischen Vernunft, sich über die Natur hinwegzusetzen. Die Tiraden des Franz Moor und dessen Schicksal in den *Räubern* lassen sich zwanglos mit folgenden Sätzen in Verbindung bringen:

> Jeder Versuch, den Naturzwang zu brechen, indem Natur gebrochen wird, gerät nur um so tiefer in den Naturzwang hinein. So ist die Bahn der europäischen Zivilisation verlaufen. Die Abstraktion, das Werkzeug der Aufklärung, verhält sich zu ihren Objekten wie das Schicksal, dessen Begriff sie ausmerzt: als Liquidation.[32]

Die von Kant gerühmte Fähigkeit, sich seines Verstandes ohne Leitung eines anderen zu bedienen, führt in den problematischen, aber konsequenten Versionen des spätaufklärerischen Denkens zu dem Versuch, mithilfe eben dieses Verstandes die Natur innerhalb und außerhalb des Subjekts zu unterwerfen und sich damit zum Herrscher über die Natur und das Schicksal aufzuschwingen. Durch diesen Mechanismus ist die Bindung der Vernunft an das gute Leben aller und damit an ethische Normen aufgehoben. Diese Problematik ist aber nicht die Sorge einiger abseitiger Exzentriker, sondern beruht auf dem von Wielands Hippias aufgerufenen Grundprinzip der Aufklärung, unbegründete Autoritäten und Normen zu überwinden:

> Die Morallehren der Aufklärung zeugen von dem hoffnungslosen Streben, an Stelle der geschwächten Religion einen intellektuellen Grund dafür zu finden, in der Gesellschaft auszuhalten, wenn das Interesse versagt. Die Philosophen paktieren als echte Bürger in der Praxis mit den Mächten, die nach ihrer Theorie verurteilt sind. Die Theorien sind konsequent und hart, die Morallehren propagandistisch und sentimental [. . .].[33]

Es gehört zu den besonderen Leistungen des jungen Schiller, den hier skizzierten Sachverhalt durch die Figur des Franz Moor ohne jede Beschönigung auf der Bühne veranschaulicht zu haben. Von dem Zweitgeborenen der Familie Moor gilt, was Horkheimer und Adorno von Sades Protagonistin sagen:

> Juliette [. . .] verkörpert [. . .] intellektuelle Freude an der Regression, amor intellectualis diaboli, die Lust, Zivilisation mit ihren eigenen Waffen zu schlagen. Sie liebt System und Konsequenz. Sie handhabt das Organ des rationalen Denkens ausgezeichnet.[34]

So veranschaulicht die Figur des Franz wie die Protagonisten der „schwarzen" Aufklärung „die Geschichte des Denkens als Organs der Herrschaft"[35]. Damit hat Schiller einer Denkbewegung Raum gewährt, die in ihren letzten Konsequenzen in der französischen Literatur ihre schockierende Ausprägung und in Deutschland durch Nietzsche ihren glänzenden Repräsentanten gefunden hat:

> Die dunklen Schriftsteller des Bürgertums haben nicht wie seine Apologeten die Konsequenzen der Aufklärung durch harmonistische Doktrinen abzubiegen getrachtet. Sie haben nicht vorgegeben, daß die formalistische Vernunft in einem engeren Zusammenhang mit der Moral als mit der Unmoral stünde. Während die hellen das unlösliche Bündnis von Vernunft und Untat, von bürgerlicher Gesellschaft und Herrschaft durch Leugnung schützten, sprachen jene rücksichtslos die schockierende Wahrheit aus.[36]

Schiller verwendet bereits im Frühwerk verschiedene Strategien, um die Konsequenzen des in Franz Moor veranschaulichten amoralischen Materialismus und Rationalismus abzuwehren. Nicht zuletzt ist der rousseauistische Impuls ein starker Ausdruck dieser Tendenz. Darüber hinaus durchzieht eine Metaphysik der Liebe seine frühen Texte, die in der *Theosophie des Julius* ihren Ausdruck fand. Erst die Beschäftigung mit der kritischen Transzendentalphilosophie Kants überzeugte den jungen Dichter von der Haltlosigkeit dieses „vorkritischen" Idealismus, der seine geistesgeschichtlichen Grundlagen in der Empfindsamkeit und im Pietismus hat und in den *Räubern* durch die Gestalt der Amalia repräsentiert wird. Aus ihrer modernen Sichtweise wenden sich Horkheimer und Adorno gegen den Versuch, eine ethische Fundierung der Moral aus dem Mitleid zu gewinnen, das als moralisches Gefühl den Impulsen der Empfindsamkeit entspricht. Die Kritik am Mitleid begründet aus heutiger Sicht die Relativierung der empfindsamen Position in den *Räubern*, die angesichts der Intensität und Energie des rebellischen Impulses als zu schwach und passiv erscheint, wobei die Rebellen des Sturm und Drang durchaus als Vertreter der „Mitleidsfeinde" verstanden werden können:

[...] das Beschränkende am Mitleid macht es fragwürdig, es ist immer zu wenig. [...] Die Mitleidsfeinde wollten den Menschen mit Unglück nicht identisch setzen. Ihnen war die Existenz des Unglücks Schande. Ihre feinfühlige Ohnmacht litt es nicht, daß der Mensch bedauert werde. Verzweifelt schlug sie um ins Lob der Macht, von der sie doch in der Praxis sich lossagten, wo immer sie ihnen Brücken baute.[37]

Die aktivistische Dimension des Sturm und Drang, an der die rebellischen Impulse der *Räuber* Anteil haben, setzt diese Strömung in eine Distanz zu Empfindsamkeit und Mitleid und schlägt über die Epochen hinweg eine Brücke zu den vitalistischen Positionen der Philosophie des Rebellen Nietzsche. Nietzsches Rezeption illustriert den (von Horkheimer und Adorno beschriebenen) Umschlag von einer aktivistischen Kritik des sympathetischen Gefühls in eine Vergötterung der Macht – eine Problematik, die auch durch den Räuber Moor charakterisiert wird, dessen abrupte Übergänge von Melancholie in Allmachtsphantasien besonders auffällig erscheinen.

2.3
Zur Geschichte der deutschen Literatur des 18. Jhs.

Die aus der kritischen Reflexion der Aufklärung resultierende problematische Konstellation von Vernunft, Moral, Gefühl und Rebellion kann als Leitfaden für einen kurzen Blick auf die Geschichte der deutschen Literatur des 18. Jahrhunderts dienen. Dabei erweist sich Gottscheds *Critische Dichtkunst* (1. Aufl. 1730) als Ausgangspunkt und als grundlegendes Manifest einer rationalen Literaturtheorie, die, basierend auf der Einheit aus Vernunft, Wirklichkeit und Moral, emotionale Elemente aus der Dichtung weitgehend ausschließt. Der philosophischen Orientierung entspricht eine starre und dogmatische Haltung in Fragen der literarischen Form, die sich besonders in der Lehre von den drei Einheiten des Dramas zeigt. Gottsched berief sich auf den aristotelischen Grundsatz von der Nachahmung der Natur und auf die Forderung des Horaz, wonach „prodesse et delectare" als Aufgaben der Dichtung anzusehen seien. Die Regeln der Vernunft identifizierte er mit denen der Natur; Regeltreue verstand er als Naturnachahmung, die nicht als realistische Wirklichkeitswiedergabe, sondern als Wahrscheinlichkeit, als „Ähnlichkeit des Erdichteten, mit dem, was wirklich zu geschehen pflegt", definiert wurde.[38]

Aus dem Wahrscheinlichkeitsprinzip entwickelte Gottsched seine Forderung nach der strengen Einhaltung der aristotelischen drei Einheiten (Zeit, Ort, Handlung), gegen die sich Lessing wenig später mit Vehemenz wehrte. Auch die dichterische Produktion wollte Gottsched nach den Prinzipien der Vernunft organisieren:

> Zu allererst wähle man sich einen lehrreichen moralischen Satz, der in dem ganzen Gedichte zum Grunde liegen soll, nach Beschaffenheit der Absichten, die man sich zu erlangen, vorgenommen. Hierzu ersinne man sich eine allgemeine Begebenheit, worin eine Handlung vorkömmt, daran dieser erwählte Lehrsatz sehr augenscheinlich in die Sinne fällt.

Wichtig war auch Gottscheds Zementierung der Ständeklausel: In der Tragödie, in Staatsromanen und Heldengedichten treten nur Fürsten und Adelige als Handelnde auf, in der Komödie, in Schäfergedichten und Romanen dagegen sind Bürger und Landleute Protagonisten. Der moralpädagogischen Instrumentalisierung der Dichtung entsprach eine Veränderung der Stellung des Dichters:

Dieser wurde zum Erzieher und Lehrmeister des Publikums und damit in seiner Bedeutung moralisch und intellektuell aufgewertet, aber gleichzeitig in seinem künstlerischen Spielraum eingeengt. Gegen diese rationalistische Gängelung der Poesie, die auf der gesellschaftlichen Ebene den Versuch darstellte, das Bürgertum durch dessen Integration in die Normen des aufgeklärten Absolutismus sozusagen literarisch hoffähig zu machen, wandten sich bereits früh die Gegner Gottscheds unter der Führung der Schweizer Bodmer und Breitinger. Sie forderten unter Berufung auf Miltons Epos *Paradise lost* (1661–1667) die Einbeziehung des Wunderbaren, religiöser Themen und emotionaler Dimensionen in die Dichtung. Unter dem Einfluß von Pietismus und Empfindsamkeit wurde Friedrich Gottlieb Klopstocks religiöses Werk *Der Messias* (Erstdruck der ersten Gesänge 1748) mit seinen lyrischen Partien zum Modell eines neuen Dichtungsverständnisses, das die christliche Thematik mit dem emotionalen Ausdruck menschlicher Subjektivität verband und damit bürgerliche Tendenzen gegen die an aristokratischen Grundsätzen ausgerichtete Regelpoetik Gottscheds begünstigte. Klopstock gelang es, den Ausdruck des Gefühls in einer innovativen Sprache zu bewerkstelligen, die für die deutsche Literatur neue Dimensionen erschloß. Die Vertreter des Sturm und Drang und auch Schiller übernehmen wichtige Anregungen von Klopstock, wie sein folgendes Gedicht mit seiner „sentimentalischen" Verbindung von subjektivem Ausdruck, Naturerlebnis und Todesbezug illustriert, das insbesondere wesentliche der durch Amalia verkörperten Gehalte vorwegnimmt:

Die Sommernacht
Wenn der Schimmer von dem Monde nun herab
In die Wälder sich ergießt, und Gerüche
Mit den Düften von der Linde
In den Kühlungen wehn;
So umschatten mich Gedanken an das Grab
Der Geliebten, und ich seh in dem Walde
Nur es dämmern, und es weht mir
Von der Blüthe nicht her.
Ich genoß einst, o ihr Todten, es mit euch!
Wie umwehten uns der Duft und die Kühlung,
Wie verschönt warst von dem Monde,
Du o schöne Natur![39]

Eine Synthese von aufklärerischer Rationalität und empfindsamer Emotionalität erstrebt Lessing in seiner Dramentheorie und -praxis. Er wendet sich in der *Hamburgischen Dramaturgie* (1767–69) gegen die von Gottsched verteidigte Ständeklausel und erhebt mittlere Charaktere zu Protagonisten des ernsten Dramas, da sich die Zuschauer nur mit diesen identifizieren könnten. Nicht Bewunderung und Schrecken, sondern Mitleid und Furcht erscheinen entsprechend einer bürgerlich-modernisierenden Aristoteles-Umdeutung als die bei dem Rezipienten zu bewirkenden Gefühle. Aus der uns leitenden Perspektive, daß Moral und Rationalität in der Reflexion des späten achtzehnten Jahrhunderts auseinanderklaffen, erweist sich Lessings Gedanke als bedeutsam, daß durch das gereinigte Mitleid eine Einheit von ethischer, rationaler und emotionaler Dimension im Menschen geschaffen wird. Damit überwindet Lessing den bornierten Rationalismus eines Gottscheds und berücksichtigt zugleich die Bedürfnisse der empfindsamen Zeitgenossen. Ein weiterer Aspekt kommt hinzu: Der „mittlere" Charakter ist ausdrücklich nach dem Modell des Bürgers konzipiert, während Gottsched noch die bürgerliche Literatur durch einen Kompromiß mit den klassizistischen Idealen des Adels fördern wollte, die sich exemplarisch in verschiedener Ausprägung in den Tragödien von Corneille und Racine artikulierten. Das neue Dramenkonzept ermöglicht Lessing eine Anerkennung des Theaters Shakespeares, auch wenn der bedeutendste Kritiker der deutschen Aufklärung den Enthusiasmus der Stürmer und Dränger für den Engländer nicht teilen kann. Lessings Grundposition wird im 75. Stück der *Hamburgischen Dramaturgie* vom 19. Januar 1768 deutlich, in dem er die zentralen Kategorien des Aristoteles nicht als Mitleid und Schrecken, sondern als Mitleid und Furcht charakterisiert und dabei die Furcht als das „auf uns selbst bezogene Mitleid"[40] definiert.

Mitleid, so Lessing weiter, könne der Zuschauer aber nur empfinden, wenn er den Eindruck gewinne, daß das dargestellte Leiden auch ihn selbst treffen könne:

Diese Möglichkeit aber finde sich alsdenn, [...] wenn ihn [den Unglücklichen auf der Bühne, M. H.] der Dichter nicht schlimmer mache, als wir gemeiniglich zu seyn pflegen, wenn er ihn vollkommen so denken und handeln lasse, als wir in seinen Umständen würden gedacht und gehandelt haben, oder wenigstens glauben, daß wir hätten denken und handeln müssen: kurz, wenn er ihn mit uns von gleichem Schrot und Korne schildere. Aus dieser Gleichheit entstehe die Furcht, daß unser Schicksal gar leicht dem seinen eben so ähnlich werden könne, als wir ihm zu seyn uns selbst fühlen: und diese Furcht sey es, welche das Mitleid gleichsam zur Reife bringe.[41]

Wirkungsästhetisches Grundprinzip ist damit die Identifikation des Zuschauers mit dem Protagonisten; und diese ist nur möglich, wenn letzterer sich als mittlerer Charakter erweist.

Der Sturm und Drang und mit ihm der junge Schiller entfernen sich deutlich von der Konzeption des „mittleren" Charakters und wenden sich mit ihrer Bevorzugung des „großen Kerls" Protagonisten zu, die zum Teil in der Tradition Shakespeares Bewunderung und Schrecken hervorrufen. Sie unterscheiden sich von den klassizistischen Helden des französischen siebzehnten Jahrhunderts aber dadurch, daß die Wirkung ihrer Stücke die Regeln der Wohlanständigkeit (bienséance) und damit der rationalistischen Moral im Sinne Gottscheds eindeutig überschreiten. Dieser Sachverhalt macht deutlich, daß das Verhältnis von Individuum und Gesellschaft von der jüngeren Generation in größerem Maße als bei Lessing als krisenhaft und problematisch empfunden wird. So gesehen, ist nicht oder zumindest nicht primär ein biologisch oder charakterologisch zu erklärender übersteigerter Subjektivismus für die Poetik des Sturm und Drang verantwortlich zu machen. Dieser zugegebenermaßen radikale Individualismus und die daraus resultierenden Umwälzungen auch der literarischen Form sind vielmehr der Ausdruck eines fundamentalen Unbehagens an der zeitgenössischen Realität und hängen mit den skizzierten Aporien des aufgeklärten Absolutismus zusammen.

2.4
Poetik und sozialgeschichtliche Grundlagen des Sturm und Drang

Dieser Krise der zeitgenössischen Gesellschaft, die in ihrem Sinne auch als Krise der Moderne anzusehen war, begegneten die Stürmer und Dränger mit der Berufung auf das wirkmächtige Individuum. „Hast du's nicht alles selbst vollendet,/ Heilig glühend Herz?"[42] heißt es in Goethes *Prometheus*-Hymne (1774), und schon in der Rede *Zum Shakespeares Tag* (1771): „Ich! Der ich mir alles bin, da ich alles nur durch mich kenne! So ruft jeder, der sich fühlt [...]."[43] Im Rückgriff auf Motive der Kulturkritik Rousseaus erwarten die jungen Dichter nichts von der Ordnung ihrer zeitgenössischen Welt, sei es in politischer, gesellschaftlicher oder poetischer Hinsicht. Zur Leitfigur werden ihnen der Selbsthelfer und das Genie, die aus sich selbst heraus Maßstäbe für ihr Handeln und Schaffen entwerfen. Dabei stellt sich sofort die auch für die *Räuber* charakteristische Frage nach den Erfolgsaussichten eines noch so herausragenden Einzelnen, dessen Aktionsradius durch politisch-gesellschaftliche Verhältnisse eingeengt wird.

Als Musterbeispiel der formalen Gestaltung eines von den Regeln befreiten Stücks und der inhaltlichen Zeichnung einer überzeugenden Selbsthelferfigur gilt Goethes *Götz*-Drama, das wir wegen seiner Bezüge zu Schillers Drama heranziehen. Goethe wählt, auch hierin exemplarisch, Shakespeare zu seinem Vorbild, weil er der Überzeugung ist, der Engländer habe in einer Art und Weise über Natur und Menschen geschrieben, die der Epoche des aufgeklärten Absolutismus fremd sei. Während das eigene Jahrhundert alles nur „geschnürt und geziert" fühle und sehe, lasse sich erkennen, wie „aus Shakespearen die Natur weissagt"[44].

Goethe bezeichnet den Zusammenstoß des sich seiner Individualität bewußten Subjekts mit der Gesetzlichkeit einer allgemeinen Notwendigkeit als den Kern von Shakespeares Theater:

> [...] seine Stücke drehen sich alle um den geheimen Punkt (den noch kein Philosoph gesehen und bestimmt hat), in dem das Eigentümliche unsres Ichs, die prätendierte Freiheit unsres Wollens, mit dem notwendigen Gang des Ganzen zusammenstößt.[45]

Die Konsequenz Goethes für seine eigene Dramatik – vgl. *Götz* – liegt in der Ablehnung der von Gottsched für das deutsche Theater verbindlich gemachten klassizistischen Regeln:

> Ich zweifelte keinen Augenblick, dem regelmäßigen Theater zu entsagen. Es schien mit die Einheit des Orts so kerkermäßig ängstlich, die Einheiten der Handlung und der Zeit lästige Fesseln unserer Einbildungskraft. Ich sprang in die freie Luft und fühlte erst, daß ich Hände und Füße hatte. Und jetzo, da ich sahe, wie viel Unrecht mir die Herrn der Regeln in ihrem Loch angetan haben, wie viel freie Seelen noch drinne sich krümmen, so wäre mir mein Herz geborsten, wenn ich ihnen nicht Fehde angekündigt hätte und nicht täglich suchte, ihre Türne [= Türme, M. H.] zusammenzuschlagen.[46]

Die entscheidende Wendung des *Götz*-Dramas liegt nun darin, dem „Schneckengang" der eigenen Zeit ein historisches Drama entgegenzusetzen, das im späten Mittelalter spielt und das einen Helden präsentiert, der das traditionelle Faustrecht gegen die abstrahierende Ordnung des römischen Rechts verteidigt und schließlich daran scheitert, daß die historische Entwicklung über ihn hinweggegangen ist. Im Gegensatz zu Karl Moor ist Götz aber trotz aller ihm auch innewohnenden Züge von Gebrochenheit eine Gestalt, die den Typus des Selbsthelfers (noch) überzeugend verkörpert und die (noch) in der Lage ist, mit den eigenen, persönlichen, individuell zurechenbaren Taten Einfluß auf den „Weltlauf" auszuüben. Goethes Stück präsentiert zur Darstellung dieser Figur und der Welt, in der sie lebt, eine Fülle von Szenen, durch welche die klassischen drei Einheiten nicht nur mißachtet, sondern geradezu einzigartig überwunden werden. Die Stärke seines Dramas liegt in der Charakterisierung unterschiedlicher Figuren und Typen insbesondere durch die Betonung des jeweiligen konkreten Lokalkolorits und durch die individualisierende, historisierende und bisweilen derbe, auch dialektal gefärbte Sprache. Im Gegensatz zu Schillers *Räubern* ist der Schluß des Stückes nicht mit einer metaphysisch-religiösen Wendung belastet. Götz ist zwar durch seine Verbindung mit den Bauern seinen bisherigen Grundsätzen zeitweise untreu geworden. Er geht aber nicht deshalb unter, sondern weil sein Lebensentwurf den neuen historischen Bedingungen nicht mehr entspricht. Der Impetus des Dramas zielt darauf, die Erinnerung an ihn wachzuhalten und damit den Menschen in Goethes Gegenwart andere Handlungsmöglichkeiten als die gewohnten vor Augen zu führen. In den *Vorlesungen zur Ästhetik* (1. Auflage 1835) des Philosophen G. W. F. Hegel findet sich eine heute noch sehr bedenkenswerte Analyse des den *Götz* beherrschenden Konflikts, die auch auf Schillers *Räuber* ein bezeichnendes Licht wirft[47]:

Die Zeit des Götz und Franz von Sickingen ist die interessante Epoche, in welcher das Ritterum mit der adeligen Selbständigkeit seiner Individuen durch eine neuentstehende objektive Ordnung und Gesetzlichkeit ihren Untergang findet. Diese Berührung und Kollision der mittelaltrigen Heroenzeit und des gesetzlichen modernen Lebens zum ersten Thema gewählt zu haben bekundet Goethes großen Sinn. [...] – Hat sich nun aber die gesetzliche Ordnung in ihrer prosaischen Gestalt vollständiger ausgebildet und ist sie das Übermächtige geworden, so tritt die abenteuernde Selbständigkeit ritterlicher Individuen außer Verhältnis und wird, wenn sie sich noch als das allein Gültige festhalten und im Sinne des Rittertums das Unrecht steuern, den Unterdrückten Hilfe leisten will, zu der Lächerlichkeit, in welcher uns Cervantes seinen Don Quixote vor Augen führt.[48]

Zu bedenken ist, daß Schiller seinen Karl Moor als Don Quijote bezeichnet; darüber hinaus lassen sich unsere Ausführungen zum aufgeklärten Absolutismus und zur „Dialektik der Aufklärung" mit Hegels Rede vom „gesetzlichen modernen Leben" verbinden. Der Protest des Sturm und Drang richtet sich – so können wir jetzt präzisieren – gegen die abstrakten und unpersönlichen Momente des „modernen" politisch-gesellschaftlichen Systems und damit des „modernen" Lebens schlechthin, die dafür verantwortlich sind, daß der einzelne nicht als Individuum, sondern als abstrakte Person handelt. Wenn Karl Moor erklärt: „Das Gesetz hat zum Schneckengang verdorben, was Adlerflug geworden wäre" (I, 2), so bezieht er sich gerade auf die Unfähigkeit des einzelnen, in einer rational verwalteten und von abstrakten allgemeinen Gesetzen regierten Welt seine Persönlichkeit zu verwirklichen.

Die eigentümliche Problematik des Sturm und Drang läßt sich damit sozialgeschichtlich genauer bestimmen, daß die Anhänger der Geniebewegung gegen eine Modernisierungstendenz der europäischen Gesellschaften rebellieren. Ihre Opposition beruhte typischerweise nicht auf einer konkurrierenden Modernisierungskonzeption, sondern auf der Wendung in die Vergangenheit, in der persönliches Handeln noch unmittelbaren Einfluß auf die Gesellschaft zu haben und die Ausbildung der Persönlichkeit möglich zu sein schien. In dieser Hinsicht ist Rousseaus Wendung zurück zu Sparta und damit zur griechischen Antike funktionell äquivalent mit Goethes und etwa Justus Mösers Bezug zum Mittelalter.

Schillers *Räuber* reflektieren Goethes *Götz* zugleich mit Sympathie und Kritik, indem sie in Schillers Gegenwart spielen (und eben nicht im Mittelalter, wie Dalberg um der Verharmlosung der Brisanz des Stückes willen vorschlug) und damit die Unmöglichkeit betonen, in der Gegenwart Handlungsmuster von Antike und Mittelalter neu zu beleben. Schiller nimmt die Ansätze Rousseaus und des Sturm und Drang in seinem Erstlingsdrama auf, zeigt aber die Unmöglichkeit einer rückwärts gewandten Utopie in einer entwikkelten „modernen" Gesellschaft. Angesichts der Verhältnisse in Deutschland kann er keine Perspektive auf eine bürgerliche Revolution – wie sie später in Frankreich gegeben war – anbieten. Zumindest von der Idee her verkörperte diese Vorstellung eine Synthese zwischen einem rational verwalteten Staat und der Freiheit und Selbstbestimmung des Individuums. Vor diesem Hintergrund sind die stofflichen Anregungen und die persönlichen Voraussetzungen Schillers als Zögling der Karlsschule zu sehen. Von den hier angestellten Überlegungen her erscheint es konsequent, daß Schillers klassische Ästhetik und Dramatik die Überwindung der Aporien des Frühwerks intendierte, darüber hinaus aber nicht weniger als ein Gegenmodell zur mittlerweile durchaus fragwürdig erscheinenden politischen Befreiung des Menschen in der Französischen Revolution darstellen sollte.

2.5
Stoffliche Anregungen

Als wichtigste Anregung für Schillers Drama gilt Christian Friedrich Daniel Schubarts (1739–1791) Erzählung *Zur Geschichte des menschlichen Herzens*, die 1775 im „Schwäbischen Magazin" erschien.[49] Schubart, von der Empfindsamkeit durchaus geprägt, war ein scharfer Kritiker des Despotismus in Deutschland; er gab seit 1774 die „Deutsche (später Teutsche) Chronik" heraus, eine Zeitschrift, die sich als halbwöchentliches Periodikum auch an die niederen Stände wandte. Von 1777 bis 1787 lebte Schubart als Gefangener des Herzogs Karl Eugen in der Festung Hohenasperg, 377 Tage davon in schwerem Felsenkerker. Dort knüpfte er unter anderem mit dem Gedicht „Die Fürstengruft" an seine erbitterte Tyrannenkritik an, zeigte aber auch mit einem Hymnus „Friedrich der Große", wie gebrochen er durch die Behandlung war und wie weit besonders kritische deutsche Geister von einer revolutionären Absage an die Feudalherrschaft entfernt waren.

Die Erzählung beinhaltet die Geschichte zweier adeliger Brüder, von denen der eine, Carl, als Schüler und Student ein ausschweifendes Leben führt, sich schließlich wandelt und seinen Vater brieflich um Verzeihung bittet. Der andere Bruder, Wilhelm, ist nach außen hin fromm, dabei aber streng und menschenfeindlich; er versteckt den Verzeihungsbrief seines Bruders und hält diesen dadurch vor dem Vater fern. Carl wird in der Nähe des väterlichen Gutes zu einem vorbildlichen Arbeiter und überrascht eines Tages gedungene Verbrecher, die seinen Vater ermorden wollen, tötet drei von ihnen und nimmt den vierten gefangen. Dieser nennt Wilhelm als Auftraggeber der Mordtat; Vater und Sohn erkennen sich wieder und versöhnen sich; Carl erspart dem Bruder trotz dessen Verbrechen eine harte Strafe, so daß dieser unbehelligt in einer anderen Stadt als „Haupt einer Sekte [...] der Zeloten" leben kann.

Die stofflichen Übereinstimmungen zwischen Schubarts Erzählung und Schillers Drama, insbesondere die Motive der feindlichen Brüder und des vorenthaltenen Briefes, sprechen für sich; wesentlich interessanter sind die von Schiller vorgenommenen tiefgreifenden Veränderungen. Ohne daß es ausdrücklich gesagt wird, erscheint Wilhelm, der Intrigant, bei Schubart als der ältere Bruder, woraus sich ergibt, daß die Rebellion gegen das Recht des Erstgeborenen und darüber hinaus gegen die Natur schlechthin Schillers ureigene Erfindung ist. Weiterhin ist die Figur des Intriganten ganz unterschiedlich angelegt: Während Schubart in traditioneller aufklärerischer Manier einen nach außen hin frommen Menschen zeigt, dessen Praxis dem religiösen Anspruch in eklatanter Weise widerspricht, problematisiert Schiller in der Figur des Franz gerade die Position eines materialistischen Aufklärers. Der jüngere Bruder in Schubarts Text (von dem Schiller den Namen für seinen älteren übernommen hat) ähnelt in vielem seinem Namensvetter: „Carls heftiges Temperament ward vom Strom ergriffen und zu manchem Laster fortgerissen."[50] Auch für ihn ist ein Schwanken zwischen empfindsamer Melancholie und aufbrausendem Kraftgenie charakteristisch, doch überwiegt im Gegensatz zu Schillers Karl eher die passiv-empfängliche Seite: „Kurz, er war eine von den weichen Seelen, welche der Sinnlichkeit immer offen stehen und über jeden Anblick des Schönen in platonisches Entzücken geraten."[51]

Insgesamt ist der Verlauf des dargestellten Konflikts bei Schubart aus einer deutlich harmonisierenden Perspektive beschrieben. Der Verzicht auf Ausschweifungen und unmoralischen Lebenswandel ist durch einen einmaligen Entschluß des Protagonisten besiegelt und wird auch durch die ausbleibende Antwort auf den Entschuldigungsbrief an den Vater nicht in Frage gestellt. Selbst der sich verstoßen glaubende Sohn fällt nicht in seinen vorigen Lebenswandel zurück, sondern findet im Gegenteil zu einer exemplarischen Existenzform. Entsprechend erweist sich der Konflikt zwischen Vater und Sohn nach der Rettung des ersteren als lösbar; die Versöhnungsszene erscheint als eine Apotheose der Empfindsamkeit. Bei Schiller dagegen kann der Konflikt nicht bewältigt werden:

> [. . .] hier sprang der Vater aus dem Bette, hob seinen Sohn von der Erde auf, schloß ihn in seine zitternden Arme, und beide verstummten. – Dies ist die Pause der heftigsten Leidenschaft, die den Lippen Schweigen gebietet, um die Redner des Herzens auftreten zu lassen.[52]

Wir begegnen hier der für die Sprache der Empfindsamkeit so typischen Emphase und dem Unsagbarkeitstopos, der dem unmittelbaren Ausdruck von Empfindungen dient und damit auf einer paradoxen Rhetorik aufbaut. Schiller hat durch die Einführung der Geliebten (Amalia) den Stellenwert der empfindsamen Liebe einerseits sogar noch verstärkt, andererseits durch die Zuspitzung des Konflikts deren Grenzen um so deutlicher aufgezeigt. Die Interpretation Hans Schwertes (vgl. S. 14-16) wäre Schillers Vorbild eher gerecht geworden als dessen eigenem Drama, das auch das Scheitern der Empfindsamkeit in den Problemkonstellationen des späten achtzehnten Jahrhunderts veranschaulicht. Demgegenüber ist die Kraft des empfindsamen Gefühls bei Schubart so stark, daß sogar von einer Bestrafung des verbrecherischen Bruders abgesehen und dieser sehr großmütig behandelt werden kann.

Der hier skizzierte Vergleich beider Texte zeigt, daß der politisch radikalere Schubart in der gedanklichen und formalen Konstruktion des Konflikts wesentlich gemäßigter und konventioneller agiert, während der vermeintlich konservativere, allerdings eine Generation jüngere Schiller die kontroversen Positionen radikal akzentuiert und in einen antagonistischen Konflikt geraten läßt, für den es keine unproblematische Lösung gibt.

Stoffliche Anregungen erhielt Schiller auch aus der Realität; über tatsächlich existierende Räuberbanden im Deutschland des achtzehnten Jahrhunderts informieren die Studien Günther Krafts.[53] Kurze Texte über die Aktivitäten der „Krummfingers-Balthasar-Bande" und über die „Akte Butlar" aus den Jahren zwischen 1734 und 1736, die den Nachweis über die Verbindung einer feudalen Familie mit einer Räuberbande liefert, bieten die Reclam-Erläuterungen zu Schillers Schauspiel.[54] Ob Schiller von diesen schriftlich dokumentierten Ereignissen Kenntnis hatte, ist ungewiß; es kann jedoch als wahrscheinlich gelten, daß er mündlich überlieferte Berichte von historischen Ereignissen frei bearbeitet hat.

Schiller selbst verweist in der *Selbstrezension* auf den „ehrwürdigen Räuber Roque aus dem Don Quijote" als Vorbild für Karl Moor, der aber nur in sehr allgemeiner Form das Motiv des edlen Räubers vorgab. Schillers Philosophieprofessor Friedrich Abel (1751–1829) erwähnt die Geschichte des Sonnenwirtes Friedrich Schwan, der 1761 hingerichtet wurde und dessen Schicksal Schiller in der Erzählung *Der Verbrecher aus Infamie* (1786 in der „Rheinischen Thalia", 1792 leicht verändert in den „Kleinen prosaischen Schriften" unter dem Titel *Der Verbrecher aus verlorener Ehre* erschienen) gestaltete. Dieser hatte sich anfangs nur kleinerer Vergehen schuldig gemacht, wurde dann aber aus Rachegefühlen gegenüber den Behörden zum Anführer einer Räuberbande, die Schwaben unsicher machte.

Für die Interpretation von Schillers Text erscheint lediglich Schubarts Erzählung als literarische Anregung ergiebig; zur Einschätzung der sozialen Bedeutung von Räuberbanden gibt Eric J. Hobsbawms Studie *Die Banditen*[55] Hinweise, die aber nicht ohne Einschränkungen auf Schillers Stück bezogen werden darf.

2.6
Schillers Zeit an der Karlsschule

Schiller, der 1759 in Marbach am Neckar als Sohn eines Wundarztes und späteren Leutnants in Diensten des württembergischen Herzogs Karl Eugen geboren wurde, besuchte ab 1773 die Herzogliche Militär-Akademie, die Karlsschule, die der Landesherr 1771 zum Zwecke der Erziehung und Ausbildung begabter Landeskinder gegründet hatte.[56] Dort verbrachte Schiller acht Jahre unter einem strengen Regiment: Dem Herzog wurden täglich detaillierte Berichte über das Betragen, den Gesundheitszustand und die Leistungen der Schüler, seiner „Kinder", vorgelegt, deren Konsequenz Strafen und Belohnungen für die Zöglinge waren. „Schiller hatte einen dritten Vater bekommen, den er liebte und haßte, weil er stärker war als sein leiblicher Vater und gegenwärtiger als sein himmlischer."[57] Die herzoglichen Verfügungen bezogen sich auf alle Lebensbereiche: den Unterricht, die Kleidung (eine Uniform), das Verhalten bei Tisch und zur Nacht, die Freizeitbeschäftigungen, die aufgrund ihrer Normierung nicht mehr als solche empfunden wurden.

Die Karlsschule zeigt alle charakteristischen Züge des aufgeklärten Absolutismus; der Herzog führte einerseits ein strenges und autoritäres Regiment über „seine" Zöglinge; Schiller erhielt andererseits eine fundierte Ausbildung und kam mit den literarischen, geistigen und politischen Bewegungen seiner Zeit in Kontakt. Großen Einfluß auf den jungen Schüler übte dessen bereits erwähnter Philosophielehrer Friedrich Abel aus, der aufklärerische Positionen vertrat, aber auch den Ideen des Sturm und Drang nicht fernstand, wie seine Rede über „große Geister" (1776) in der Karlsschule beweist.

Vier Jahre nach Beendigung seiner Schul- und Studienzeit hat Schiller in der Ankündigung seiner „Rheinischen Thalia" gegen die Bildungsprinzipien der Lehranstalt polemisiert und dabei von der „militärischen Regel", der er unterworfen war, von den „Verhältnissen", die ihm „zur Folter waren", von der erzwungenen Unbekanntschaft mit der „wirklichen" Welt gesprochen; im Widerstand gegen diese Zustände habe sich sein poetisches Talent entwickelt:

Die publikumswirksame Rhetorik solcher Bekenntnisse nimmt diesen nicht ihren sachlichen Gehalt: Daß Schiller ein Apostel der Freiheit werden konnte, hat mit der Unfreiheit, die er jahrelang an sich erfuhr, einiges zu tun. Und mochte er sich von seinen (drei) Vätern auch mehr und mehr entfernen, so wurde er deren Schatten doch nie ganz los.[58]

Im Oktober 1779 reichte Schiller seine erste medizinische Dissertation ein. Die der Fakultät vorgelegte lateinische Fassung ist nicht überliefert, wohl aber eine fragmentarische deutsche Übersetzung („Philosophie der Physiognomie"). In Übereinstimmung mit zentralen zeitgenössischen Fragestellungen wagte Schiller den Versuch einer Vermittlung von Geist und Materie, Körper und Seele durch die Annahme einer „Mittelkraft", die als „Band zwischen Welt und Seele" bestimmt wurde. Trotz positiver Reaktionen des Herzogs und der Fakultät wurde diese Arbeit nicht angenommen; in seiner zweiten Dissertation („Versuch über den Zusammenhang der thierischen Natur des Menschen mit seiner geistigen") legte der Doktorand eine neue Bearbeitung des Dualismus-Problems vor, die im

Herbst 1780 angenommen wurde. Die medizinischen Schriften befassen sich mit einer Problemkonstellation, die Schillers gesamtes Schaffen bestimmte:

Wie der Riß, der durch die Welt geht, zu schließen sei, wird er immer wieder bedenken, und nie gibt es für ihn die Möglichkeit der Aufhebung des Gegensätzlichen in einer Synthese; immer sucht er nach der Vermittlungsinstanz, die das Materielle ans Geistige, den Stoff an die Form, die Wirklichkeit an das Ideal bindet, das eine mit dem anderen amalgiert[59].

Die erwähnte zweite Dissertation enthält Passagen, die für das Verständnis der *Räuber* interessant sind, weil sie die Logik der Intrige Franz Moors und der Werbung Spiegelbergs beschreiben. Schiller zitiert in der Arbeit aus dem noch nicht erschienenen Stück mit der Titelangabe „Life of Moor. Tragedy by Krake". Der erwähnte Passus hat die Überschrift „Geistiger Schmerz untergräbt das Wohl der Maschine", und er zeigt das, was Franz Moor für seine finsteren Zwecke ausnutzt, wenn er davon spricht, „den Körper vom Geist aus zu verderben" (40). Kurz vorher sagt er:

Philosophen und Mediziner lehren mich, wie treffend die Stimmungen des Geists mit den Bewegungen der Maschine zusammenlauten. (40)

Einer dieser genannten Wissenschaftler ist „im wirklichen Leben" der Autor Schiller, der damit in den *Räubern* auch die Frage nach dem moralischen Wert der wissenschaftlichen Erkenntnis stellt. Folgendermaßen beschreibt der philosophische Mediziner Schiller die Auswirkungen psychischer Belastungen auf den Körper:

Das Herz schlägt ungleich und ungestüm; das Blut wird in die Lungen gepreßt, wenn in den Extremitäten kaum so viel übrig bleibt, den verlornen Puls zu erhalten. Alle Prozesse der thierischen Chemie durchkreuzen einander. Die Scheidungen überstürzen sich, die gutartigen Säfte verirren, und wirken feindlich in fremden Gebieten, wenn zu gleicher Zeit die bösartigen, die im Unrath dahingeschwemmt werden sollten, in den Kern der Maschine zurükfallen. Mit einem Wort: der Zustand des grösten Seelenschmerzens ist zugleich der Zustand der grösten körperlichen Krankheit.[60]

Unter den Beispielen, die Schiller im folgenden für das beschriebene Phänomen gibt, findet sich die Reaktion Franz' auf den apokalyptischen Alptraum im fünften Akt:

Der von Freveln schwer gedrükte Moor, der sonst spizfindig genug war, die Empfindungen der Menschlichkeit durch Skeletisirung der Begriffe in nichts aufzulösen, springt eben itzt bleich, athemloß, den kalten Schweiß auf seiner Stirne, aus einem schreklichen Traum auf. Alle die Bilder zukünftiger Strafgerichte, die er vielleicht in den Jahren der Kindheit eingesaugt, und als Mann obsopirt hatte, haben den umnebelten Verstand unter dem Traum überrumpelt. Die S e n s a t i o n e n sind allzuverworren, als daß der langsamere Gang der Vernunft sie einholen und sie noch einmal zerfasern könnte. Noch kämpfet sie mit der Phantasie, der Geist mit den Schrecken des Mechanismus.[61]

Entgegen Schillers Intention scheint das herangezogene Beispiel eher auf eine Wechselwirkung zwischen Körper und Geist (Seele) zu verweisen; der entscheidende Bezug zwischen Dissertation und Stück liegt jedoch darin, daß nicht etwa die Ideen Franz Moors als solche böse oder moralisch problematisch sind, daß „lediglich" ihre Anwendung zu negativen Konsequenzen führen kann (die Schiller in der Dissertation gar nicht erwähnt). Daß körperliche Schwächung umgekehrt auch zu geistiger Krankheit führen kann, erklärt Schiller etwas später mit Bezug auf die problematische und ambivalente Gestalt Spiegelbergs:

Zerrüttungen im Körper können auch das ganze System der moralischen Empfindungen in Unordnung bringen, und den schlimmsten Leidenschaften den Weg bahnen. Ein durch Wollüste ruinirter Mensch wird leichter zu Extremis gebracht werden können als der, der seinen Körper gesund erhält. Diß eben ist ein abscheulicher Kunstgrif derer, die die Jugend verderben, und jener Banditenwerber muß den Menschen genau gekannt haben, wenn er sagt: „Man muß Leib und Seele verderben."[62]

Die Ausführung dieses hier nur angedeuteten Gedankengangs findet sich im zweiten Akt des Schauspiels, wo Spiegelberg erklärt:

[...] zechfrei mußt du ihn halten! [...] du gehst weiter, du führst ihn in Spielkompanien und bei liederlichen Menschern ein, verwickelst ihn in Schlägereien, und schelmische Streiche, bis er an Saft und Kraft und Geld und Gewissen, und gutem Namen bankrutt wird; denn incidenter muß ich dir sagen, du richtest nichts aus, wenn du nicht Leib und Seele verderbst – (58 f.)

2.7
Ausblick auf Schillers späteres Werk

In der Folge der Streitigkeiten mit dem Herzog wegen der *Räuber* verließ Schiller Stuttgart; er verfaßte in den achtziger Jahren drei weitere Dramen, wobei der *Don Carlos* das Ende der frühen Schaffensperiode einleitet. Die neunziger Jahre begannen mit historischen und philosophischen Studien, letztere stellten eine intensive Auseinandersetzung mit der Philosophie Kants dar. Den Übergang zum „klassischen" Spätwerk bilden die beiden großen ästhetisch-poetologischen Abhandlungen *Ueber die ästhetische Erziehung des Menschen in einer Reihe von Briefen* und *Ueber naive und sentimentalische Dichtung*, die in den Jahren 1795 und 1796 in den von Schiller herausgegebenen „Horen" erscheinen.

Eine geschichtsphilosophische Klärung von Schillers Position bietet vor allem die erste Schrift, die sowohl rückblickend das Frühwerk zu erhellen als auch die späteren dramatischen Arbeiten einzuordnen vermag. Während nämlich in den *Räubern* relativ abstrakt über das „Kastratenjahrhundert" hergezogen und der Versuch unternommen wurde, das eigene Verhalten an antiken heroischen Mustern zu orientieren, bringen die *Ästhetischen Briefe* eine genaue Bestimmung des modernen Weltzustandes. Außerdem wird hier in diesem Zusammenhang die Frage gestellt nach der Funktion der Poesie in der prosaischen, verwalteten Gesellschaft des achtzehnten Jahrhunderts:

> Jene Polypennatur der griechischen Staaten, wo jedes Individuum eines unabhängigen Lebens genoß, und wenn es Noth that, zum Ganzen werden konnte, machte jetzt einem kunstreichen Uhrwerke Platz, wo aus der Zusammenstückelung unendlich vieler, aber lebloser, Theile ein mechanisches Leben im Ganzen sich bildet. [...] Ewig nur an ein einzelnes kleines Bruchstück des Ganzen gefesselt, bildet sich der Mensch selbst nur als Bruchstück aus, ewig nur das eintönige Geräusch des Rades, das er umtreibt, im Ohre, entwickelt er nie die Harmonie seines Wesens, und anstatt die Menschheit in seiner Natur auszuprägen, wird er bloß zu einem Abdruck seines Geschäfts, seiner Wissenschaft.[63]

Der Vorzug der geschichtsphilosophischen Perspektive besteht darin, daß sie die Logik der Entwicklung und den illusionären Charakter der unmittelbaren Rebellion verdeutlicht. Die abstrakten Verhältnisse der modernen Gesellschaft, gegen die der Räuber

Moor aus einem richtigen Gefühl heraus revoltiert, können nicht durch eine gewaltsame Opposition verändert werden, denn sie sind durch eine innere Notwendigkeit entstanden. Arbeitsteilung und die mit ihr verbundene Entfremdung sind in den Augen des späteren Schiller im Gegensatz zur kulturkritischen Position Rousseaus notwendige Entwicklungsschritte auf dem Weg zu einer wirklich freien Gesellschaft:

> Die mannichfaltigen Anlagen im Menschen zu entwickeln, war kein anderes Mittel, als sie einander entgegen zu setzen. Dieser Antagonism der Kräfte ist das große Instrument der Kultur, aber auch nur das Instrument; denn solange derselbe dauert, ist man erst auf dem Wege zu dieser.[64]

Dennoch ist der Protest des modernen Menschen gegen die Entfremdung in der zerstückelten Gesellschaft berechtigt:

> Kann aber wohl der Mensch dazu bestimmt seyn, über irgend einem Zwecke sich selbst zu versäumen? Sollte uns die Natur durch ihre Zwecke eine Vollkommenheit rauben können, welche uns die Vernunft durch die ihrigen vorschreibt? Es muß also falsch seyn, daß die Ausbildung der einzelnen Kräfte das Opfer ihrer Totalität nothwendig macht; oder wenn auch das Gesetz der Natur noch so sehr dahin strebte, so muß es bey uns stehen, diese Totalität in unsrer Natur, welche die Kunst zerstört hat, durch eine höhere Kunst wieder herzustellen.[65]

Um die Totalität der menschlichen Fähigkeiten wiederherzustellen, um den „Adlerflug" wieder möglich zu machen, konzipiert Schiller anstelle der gewalttätigen Räuberrebellion, die in Unterdrückung und Gewalt endet, die ästhetische Erziehung. In der ästhetischen Kontemplation und in der künstlerischen Aktivität soll die verlorene Harmonie der menschlichen Persönlichkeit wiederhergestellt werden. Wie ist aber dann das Verhältnis der ästhetischen Tätigkeit zur Realität der Zeit zu bestimmen, denn es geht Schiller ja nicht um eine imaginäre Auflösung der realen Widersprüche? Hier konkurrieren zwei Positionen innerhalb der Abhandlung: Die ursprüngliche Konzeption Schillers geht von der Überzeugung aus, daß die ästhetische Erziehung die Voraussetzung für die politisch-gesellschaftliche Befreiung darstellt und damit die Kunst und die Kultur ein Instrument eben dieser Befreiung sind: „Ich hoffe", so schreibt Schiller im zweiten Brief, „Sie zu überzeugen, [...] daß man, um jenes politische Problem in der

Erfahrung zu lösen, durch das ästhetische den Weg nehmen muß, weil es die Schönheit ist, durch welche man zu der Freyheit wandert."[66] Die gewalttätige Revolte wird abgelöst durch eine ästhetische Reformierung des menschlichen Bewußtseins, aus der die politisch-gesellschaftliche Befreiung erwachsen soll. Die ästhetisch erzogenen Menschen werden Möglichkeiten finden, auch im „wirklichen" Leben Formen der Arbeit und des Zusammenlebens zu entwickeln, die von der abstrakten Geltung der einschnürenden Gesetze befreien – eine Konzeption, die auf Vorstellungen des jungen Marx vorausdeutet.

Der Schluß der Abhandlung ist aber von einer skeptischeren Position bestimmt, die an der Möglichkeit der Veränderung des realen Lebens (ver)zweifelt und diesem die Kunst als solche entgegenhält. Der „ästhetische Staat" hat mit dem realen nichts mehr zu tun, sondern ist in der Sphäre des schönen Scheins angesiedelt:

> In dem ästhetischen Staate ist alles – auch das dienende Werkzeug ein freyer Bürger, der mit dem edelsten gleiche Rechte hat, und der Verstand, der die duldende Masse unter seine Zwecke gewaltthätig beugt, muß sie hier um ihre Beystimmung fragen. Hier also in dem Reiche des ästhetischen Scheins wird das Ideal der Gleichheit erfüllt, welches der Schwärmer so gern auch dem Wesen nach realisiert sehen möchte [...].[67]

Hier hat sich Schiller von dem aufklärerischen Anspruch gelöst, demzufolge die Kunst der moralischen und politischen Befreiung des Menschen zu dienen habe; er verkündet ein Programm ästhetischer Autonomie, das sein klassisches Werk bestimmen wird. Von den Erfahrungen der Französischen Revolution beeindruckt, glaubt Schiller nicht mehr an die Lösung des politischen Problems; die Kunstwerke sollen jetzt der Wirklichkeit ein Modell entgegensetzen, in dem das Ganze und die Teile in einem harmonischen Verhältnis zueinander stehen. Eine unmittelbare Einwirkung der Kunst auf die Zustände in der realen Welt wird nicht mehr angenommen. Karl Moor würde jetzt zu den polemisch genannten Schwärmern gehören, die sich mit den desillusionierenden Erfahrungen der realen Gesellschaft nicht abfinden können. Im Vergleich zu den rebellischen Impulsen des Frühwerks ist der späte Schiller damit skeptischer und konservativer geworden; dabei entspricht dem bewahrenden Gestus eine Wendung gegen die offenen

Formen der Sturm-und-Drang-Tradition. Die *Ästhetischen Briefe* zeigen Schiller auf dem Scheideweg zwischen der rebellischen Verve des Frühwerks und dem abgeklärten Geist des Weimarer Klassizismus, wobei gerechterweise hinzuzufügen ist, daß sich das Programm der Kunstautonomie als mindestens ebenso fruchtbar für die literarischen Produktion erwiesen hat wie der frühe Geist der Rebellion.

3
Textanalysen

Nach einer kurzen Skizze der Entstehung des Stückes und einem Blick auf die verschiedenen Fassungen beginnen wir die Textanalyse mit der Diskussion formaler Aspekte der *Räuber*. Dabei interessiert zunächst das Verhältnis des Stücks zur Dramenpoetik des Sturm und Drang und zu Schillers eigenen dramentheoretischen Äußerungen. Es folgt die Untersuchung der lyrischen und epischen Elemente des Dramas, die zu einer Betrachtung der verschiedenen Sprachebenen überleitet. Die Figuren- und Handlungsanalyse beschäftigt sich detailliert mit den wichtigsten Personen des Dramas, der Figurenkonstellation und dem Handlungsverlauf, wobei die Frage der Deutung des Dramenschlusses zusammenfassend erörtert werden soll. Die Textanalyse findet dann ihren zusammenfassenden Abschluß in der Interpretation der verschiedenen Sinnschichten des Dramas, die insofern einen offenen Charakter behält, als wir darauf verzichten, die verschiedenen Ebenen in eine hierarchische Ordnung zu bringen. Nicht der „eigentliche" Sinn des Dramas soll also herausgefunden werden; wir beschreiben vielmehr eine Pluralität von Sinnebenen, die zwar miteinander in Beziehung stehen, aber nicht zu einer vereinheitlichenden Synthese gebracht werden. Dadurch wird das bewahrt, was Schillers *Räuber* bis heute faszinierend erscheinen läßt: die irritierende Vieldeutigkeit, die zu immer neuen Auseinandersetzungen mit dem Text auffordert.

3.1
Entstehung, Fassungen

Die Berichte von Schillers Mitschülern lassen darauf schließen, daß der angehende Dichter an der Karlsschule mit den poetischen Erzeugnissen des Sturm und Drang bekannt wurde. Nach dem Zeugnis von Johann Wilhelm Petersen begeisterte sich Schiller zu Beginn seiner Schulzeit für Gerstenbergs *Ugolino* und Goethes *Götz*, die ihn auf die Idee brachten, selbst Schauspiele zu verfassen.[68] Mitte der siebziger Jahre begeisterte sich der junge Dichter in besonderem Maße für das Theater Shakespeares, aber auch für Goethes *Werther*, den großen Briefroman des Sturm und Drang.

Von den Schriften der älteren Generation übte Klopstocks *Messias* nachhaltigen Einfluß auf Schiller aus; im Bereich der Philosophie studierte er Mendelssohn, Sulzer, Lessing und Herder, insbesondere aber die Schriften des Spätaufklärers Christian Garve (1742–1798), der ihn mit Fergusons Moralphilosophie bekannt machte. Auch für historische Schriften interessiert sich der junge Schiller; wie seine literarische Figur Karl Moor las er am liebsten Plutarch.

Über die eigentliche Entstehung der *Räuber* ist nicht viel bekannt. Schiller meldete sich häufig krank, um die notwendige Ruhe und Muße zur Abfassung des Dramas zu haben. Durch eine Zeichnung Viktor von Heideloffs[69] ist die Szene bekannt, in der Schiller (wohl im Jahre 1780) seinen Mitschülern im Wald das fertige Stück vorträgt. Nach einem Bericht soll Schiller den Text ruhig deklamiert haben, sich bei der fünften Szene des vierten Aktes (Wiederbegegnung Karls mit seinem Vater vor dem Turm) aber in höchste Erregung gesteigert haben, die bei den Zuhörern Bestürzung und (wie das gesamte Drama) große Bewunderung hervorgerufen haben soll.

Im Jahre 1781 veröffentlichte Schiller das Stück auf eigene Kosten und anonym unter dem Titel *Die Räuber. Ein Schauspiel* mit dem fingierten Druckort „Frankfurt und Leipzig". Während der Text bereits im Druck war, zog Schiller den zweiten bereits ausgedruckten Bogen zurück und veränderte dessen Text (nach herrschender Meinung vorwiegend aus künstlerischen Erwägungen; es läßt sich aber auch eine Entschärfung durch die Zurücknahme einiger Spiegelberg-Passagen feststellen). Der „unterdrückte Bogen B" ist in der Schiller-Nationalausgabe abgedruckt[70]. Eine „zwote verbesserte Auflage" mit einem kurzen Vorwort Schillers und der (von dem Verfasser offenbar nicht gewünschten) Löwen-Vignette mit den Worten „in Tirannos" (gegen die Tyrannen) erschien Anfang 1782 „bei Tobias Löffler" in Mannheim; wieder mit dem fingierten Druckort „Frankfurt und Leipzig". Sie weicht textlich kaum von der Erstausgabe ab. Für die Uraufführung, die am 13. Januar 1782 im Mannheimer Nationaltheater unter der Regie des Intendanten Wolfgang Heribert von Dalberg (1750–1806) stattfand und zu der Schiller heimlich und ohne Genehmigung des Herzogs Karl Eugen anreiste, wurde der Text trotz starker Bedenken des Autors erheblich verändert:

Aus fünf Akten wurden sieben Handlungen; statt in der Mitte des 18. Jahrhunderts spielt das Stück nun am Ende des 15. Jahrhunderts; die lyrischen Einlagen fehlen; der Pater im 2. Akt wird in eine „Magistratsperson" umgewandelt; Pastor Moser im 5. Akt wird gestrichen; Franz will Hermann zum Mord an Karl überreden, aber Hermann lehnt sich auf und bedroht Franz schließlich mit der Pistole; Franz begeht nicht Selbstmord, sondern wird von der Bande gerichtet; Amalia wird nicht von Karl erstochen, sondern tötet sich selbst.[71]

Zweifellos entspricht die Schauspielfassung Schillers Intentionen mehr als die von Dalberg in Auftrag gegebene Bearbeitung; sie ist aber auch aus sachlichen Gründen vorzuziehen und liegt der Reclam-Ausgabe des Textes zugrunde. Auch wenn zu bedenken ist, daß Schillers erste Fassung ohne Rücksicht auf die politischen und praktischen Bedürfnisse des Theaters geschrieben wurde, so unterscheidet sich die in Mannheim gespielte Fassung, deren Soufflierbuch erhalten geblieben ist[72], doch so grundsätzlich von der Buchausgabe, daß es sich nicht mehr um das gleiche Stück handelt. Schiller selbst wandte sich gegen die Verlegung der Handlung ins späte Mittelalter und erklärte in einem Brief an Dalberg vom 3. November 1781:

Wenn ich Ihnen auf die Frage: ob das Stük nicht mit Vortheil in spätere Zeiten zurükgeschoben werden könnte, meine unmaßgebliche Meinung sagen darf, so gesteh ich, ich wünschte diese Veränderung nicht. Alle Karaktere sind zu aufgeklärt zu modern angelegt, daß das ganze Stük untergehen würde, wenn die Zeit, worin es geführt wird, verändert würde.[73]

In einem weiteren Brief an denselben Adressaten vom 12. Dezember 1781 unterstreicht Schiller, wie sehr sich sein Stück als unmittelbare Darstellung einer modernen Problematik und moderner Charaktere von Goethes *Götz* unterscheide, der Dalberg offenbar als Vorbild für die Veränderung vorgeschwebt hatte:

Sprechen alle meine Personen zu modern, zu aufgeklärt für die damalige Zeit. Der Dialoge ist gar nicht derselbe. Die Simplicitaet, die uns der Verfaßer des Göz v[on] Berlichingen so lebhaft gezeichnet hat, fehlt ganz. [...] Ich beginge ein V e r b r e c h e n gegen die Zeiten Maximilians, um einem F e h l e r gegen die Zeiten Friderichs II. auszuweichen.[74]

Die letzte Passage verweist auf die politisch-ideologische Bedeutung von Dalbergs Eingriff, der den Eindruck erwecken will, die dargestellten Charaktere und Vergehen könnten im Zeitalter der Aufklärung nicht mehr auftreten. Demgegenüber ist Schillers Stück zwar nicht historisch genau situiert, in seiner Problematik aber genau auf die zeitgenössische Gegenwart bezogen, wodurch es eine Brisanz gewinnt, die der Intendant des Mannheimer Nationaltheaters gerade verschleiern wollte. Daß dies indes nicht ganz gelungen ist, zeigt der bekannte Bericht über die Uraufführung des Stücks, welcher die starke Erregung der Zuschauer hervorhebt.[75] Die zweite Veränderung, gegen die sich Schiller ausdrücklich wendet, ist die Einführung des Freitodes der Amalia. Er betont,

> [...] daß Moor seine Amalie ermorden m u ß, und daß dieses eine p o - s i t i v e   S c h ö n h e i t seines Karakters ist, die einerseits den feurigsten Liebhaber andernseits den B a n d i t e n f ü h r e r mit dem lebhafftesten Kolorit auszeichnet.[76]

Insgesamt hat sich der Charakter des Stücks in der Mannheimer Aufführung dahingehend geändert, daß Karl Moor zu einem tragischen Helden wird, der nicht so sehr aufgrund eigener Widersprüche, Irrtümer und Versäumnisse, sondern ähnlich Goethes Götz an den ungünstigen Verhältnissen seiner Epoche scheitert. Die Mannheimer Fassung verzichtet auf die bedeutsamen Aussagen Karls am Ende des Stücks, die seine Rebellion als Irrtum erweisen („O über mich Narren, der ich wähnete die Welt durch Greuel zu verschönern..." – 138), und endet mit den Worten:

> [...] dem Mann kan geholfen werden – Er führe mich vor die Richter – ein Glücklicher mehr – Sonne-Untergang. Ich sterbe groß durch eine solche That!"[77]

Damit bezieht sich der Tod des Räuberrebellen auf die Szene II, 3 der Schauspielfassung, in der es heißt:

> SCHWARZ: Wie herrlich die Sonne dort untergeht!
> MOOR (*in den Anblick verschwemmt*): So stirbt ein Held! – Anbetenswürdig.
> GRIMM: Du scheinst tief gerührt.
> MOOR: Da ich noch ein Bube war – wars mein Lieblingsgedanke, wie *sie* zu leben, zu sterben wie *sie*. (*Mit verbißnem Schmerz.*) Es war ein Bubengedanke! (81)

Die Schauspielfassung zeigt, daß Karl Moor mit dem Projekt scheitert, in der modernen, rational organisierten Welt wie ein (antiker oder mittelalterlicher) Heros zu leben und zu sterben; sie veranschaulicht, daß die Räuberrebellion bei aller Berechtigung des Unmuts über die herrschenden Verhältnisse einen unangemessenen Weg darstellt, für eine bessere Welt zu kämpfen. Demgegenüber stirbt Karl Moor in der Mannheimer Fassung wie ein Held, und der Bezug zur zeitgenössischen Wirklichkeit ist durch die Verlegung der Zeit verdeckt. Nicht die Absage an das Heroische, sondern seine Rehabilitierung zur imaginären Befriedigung der Zuschauer kennzeichnet somit den in Mannheim aufgeführten Text, der völlig andere Akzente setzt.

Im Jahre 1782 publizierte Schiller eine „Neue für die Mannheimer Bühne verbesserte Auflage" in der „Schwanischen Buchhandlung" in Mannheim. Diese Fassung mit dem Untertitel „ein Trauerspiel" orientiert sich an dem aufgeführten Text, nimmt aber die gravierendsten Veränderungen durch einen Rückgriff auf die Schauspielfassung wieder zurück. Amalia wird von Karl getötet, und das Stück endet unter Verzicht auf die „Sonnen-Apotheose" des Räubers mit den Worten „Dem Mann kann geholfen werden."

Insgesamt läßt sich feststellen, daß die Schauspielfassung als die authentischste anzusehen ist. Allerdings belegt die von Schiller letztlich mitverantwortete Bearbeitung auch die Notwendigkeit, das Stück für die jeweilige Behandlung auf der Bühne entsprechend zu verändern. Schiller selbst hielt die Figur des Franz mit ihren abstrakten Reflexionen für untheatralisch und hatte keine Einwände gegen weitreichende Kürzungen. Die Schauspielfassung ist also nicht als absolut verbindlicher Text im Sinne des klassischen Kunstwerks anzusehen, der in keinem Punkt verändert werden dürfte, sondern als Partitur, die entsprechend den jeweiligen Gegebenheiten relativ frei behandelt werden darf. Dennoch ist – wie die Überlegungen zum Schluß der Mannheimer Fassung zeigen – der Fall ein anderer als bei Schillers folgendem Drama, dem *Fiesko*, zu dem zwei Schlußfassungen vorliegen, die beide gleich gut (oder schlecht) zu sein scheinen.[78]

3.2
Formale Aspekte

Schillers Stück *Die Räuber* reflektiert die zeitgenössischen Strömungen von Aufklärung, Empfindsamkeit und Sturm und Drang und bildet doch etwas unverwechselbar Eigenes, so daß alle Kategorisierungen ihr Ziel zu verfehlen scheinen – auch die des Autors selbst! Die Untersuchung der formalen Aspekte zeigt eine spezifische Differenz der *Räuber* zu verwandten Texten und Positionen auf. Anschließend erfolgt der Nachweis einer Integration verschiedener Sprachebenen in den Dramendiskurs, die insgesamt diesem Werk den unverwechselbaren Klang geben.

3.2.1
Verhältnis zur Dramenpoetik des Sturm und Drang

Die Räuber werden häufig und zu Recht von Form und Gehalt her mit dem Drama des Sturm und Drang in Verbindung gebracht, als dessen Nachzügler Schillers erstes und seine beiden folgenden Stücke erscheinen. In der neueren Forschung melden sich jedoch gewichtige Stimmen, die deren pauschale Identifizierung mit den Erzeugnissen des Sturm und Drang in Frage stellen.[79] Eine gewisse Übereinstimmung ergibt sich in der Behandlung der von Gottsched geforderten drei Einheiten, die vom Drama des Sturm und Drang nicht beachtet werden. *Die Räuber* wahren weder die Einheit des Ortes – die Schauplätze wechseln zwischen verschiedenen Sälen und Zimmern im Schlosse der Moors und diversen Schauplätzen in der „freien" Natur sowie einer „Schenke an den Grenzen zu Sachsen" – noch die der Zeit – die Handlung erstreckt sich über ca. fünfzehn Monate. Die Einheit der Handlung ist zumindest im konventionellen Sinne überwunden, indem die Franz- und die Karl-Handlung parallel laufen. Darüber hinaus sind vor allem in der eigentlichen Räuber-Handlung größere Lükken zwischen den einzelnen Handlungssequenzen festzustellen. Dem Sturm- und Drang-Drama entsprechen weiterhin das auf Worte bisweilen verzichtende Spiel, das der Mimik und Gestik einen besonderen Stellenwert zuweist. Auch der expressive Sprachstil, der leidenschaftlich und pathetisch erscheint und die Stilmittel der Emphase, der Interjektion, der Akkumulation und der Inversion bevorzugt verwendet, ist typisch. Die Szene IV, 5 mit ihren

Schauereffekten und ihren Anklängen an Gerstenbergs *Ugolino* folgt ebenfalls Stilelementen des Sturm und Drang.

Dennoch lassen sich auch wichtige Unterschiede zur Dramatik des Sturm und Drang erkennen. Im Vergleich zu Goethes *Götz* ist offenkundig, daß die einzelnen Szenen nicht nach dem Muster von Shakespeares „Raritätenkasten" ein Eigenleben gewinnen und für sich stehen; sie lassen vielmehr sämtlich in aller Deutlichkeit ihre Funktion für den Verlauf des Dramas erkennen. Damit hängt zusammen, daß die Orte der Handlung diese nicht so deutlich bestimmen wie in Goethes Drama; die „Gegend an der Donau" (III, 2) etwa ist lediglich ganz allgemein als ein Bild fruchtbarer Natur bestimmt und dadurch Anlaß für die abstrahierenden Betrachtungen Karls.

Während Goethes *Götz* damit als ein Musterbeispiel für die offene Form des Dramas (etwa im Sinne von Volker Klotz) gelten kann, läßt sich der Handlungverlauf der *Räuber* durchaus mit den traditionellen Kategorien der geschlossenen Dramenform analysieren (Exposition, Intrige, Peripetie, Katastrophe, vgl. Abschnitt 3.3.7), auch wenn die formale Geschlossenheit noch nichts über die inhaltliche aussagt. Akzeptiert man aber diesen Gedanken, so ist man gezwungen, ebenso eine, wenn auch vermittelte Einheit der Handlung zu vermuten, was durch die Verbindung der Karl- und der Franz-Handlung ab dem vierten Akt bestätigt wird. Eine weitere Abweichung vom Drama des Sturm und Drang liegt in der abstrahierenden Sprache, die insbesondere die Monologe von Franz kennzeichnet, und die, wie auch bisweilen die Tiraden Karls, häufig weniger dem Ausdruck von Gefühlen als vielmehr der begrifflichen Bestimmung des eigenen Handelns dient.

Insgesamt ergibt sich also ein vielschichtiges Bild, in dem Elemente des Sturm und Drang mit aufklärerischen Tendenzen vermischt werden, was unsere Hypothese unterstreicht, daß Schillers Stück eine kritische Reflexion sowohl von Aufklärung als auch Sturm und Drang darstellt. Bereits Benno von Wiese hat darüber hinaus darauf hingewiesen, daß die *Räuber* auch Elemente des Barockdramas aufweisen. So kann die Geschichte von Franz und Karl als Aufstieg und Fall zweier Gestalten verstanden werden, die sich gegen transzendente Ordnungen auflehnen und deren Fall mit apokalyptischen Angstvisionen und Anfällen von Wahnsinn veranschaulicht wird.

In diesen Zusammenhang gehören auch die opernhaften Elemente des Stücks, die etwa in der Erstarrung der Szenen zu Tableaus und in der choreographischen Anordnung der Räuberszenen zu erkennen sind. Die verwirrende Vielfalt der formalen Einflüsse bestätigt noch einmal die irreduzible Eigenart von Schillers *Räubern* und deren irritierende Vieldeutigkeit, die auch im formalen Bereich eine eindeutige Interpretation unmöglich erscheinen läßt. Während etwa die aufklärerischen Elemente eine vernunftgeleitete Rezeption des Zuschauers verlangen, fördern die Sturm-und-Drang-Elemente ebenso wie die barocken Züge eine emotionale Reaktion, die nicht primär im Dienste einer rationalen oder moralischen Funktion zu stehen scheint.

3.2.2
Theorie und Praxis: Schillers dramentheoretische Äußerungen und „Die Räuber"

Die Vielschichtigkeit des Stücks findet ihre Parallele in den theoretischen Äußerungen Schillers im Umfeld der *Räuber*. Am 26. Juni 1784 hielt Schiller vor der Kurfürstlichen Deutschen Gesellschaft in Mannheim einen Vortrag mit dem Titel *„Was kann eine gute stehende Schaubühne eigentlich bewirken?"* (publiziert 1785 in der „Rheinischen Thalia", veränderte Fassung 1802 in den *Kleinen prosaischen Schriften* unter dem Titel *Die Schaubühne als moralische Anstalt betrachtet*), der unter anderem mit Bezug auf Schillers Werk dessen dramentheoretische Position zu bestimmen sucht. Als Grundthese vertritt Schiller zunächst die aufklärerische Überzeugung, derzufolge das Theater positive Auswirkungen auf die Moral und die Reflexionsfähigkeit der Zuschauer für sich in Anspruch nehmen könne. In diesem Zusammenhang spricht der junge Dramatiker von der Bühne als einem Tribunal:

> Die Gerichtsbarkeit der Bühne fängt an, wo das Gebiet der weltlichen Geseze sich endigt. Wenn die Gerechtigkeit für Gold verblindet, und im Solde der Laster schwelgt, wenn die Frevel der Mächtigen ihrer Ohnmacht spotten, und Menschenfurcht den Arm der Obrigkeit bindet, übernimmt die Schaubühne Schwerd und Waage, und reißt die Laster vor einen schrecklichen Richterstuhl. Das ganze Reich der Phantasie und Geschichte, Vergangenheit und Zukunft stehen ihrem Wink zu Gebot. Kühne Verbrecher, die längst schon im Staub vermodern, werden durch den allmächtigen Ruf der Dichtkunst jezt vorgeladen,

und wiederholen zum schauervollen Unterricht der Nachwelt ein schändliches Leben.[80]

Die Darstellung des Lasters auf der Bühne soll nach dieser Konzeption den Haß gegen dasselbe verstärken und die Liebe zur Tugend entfachen. Die Figur des Franz Moor wird von Schiller als Exempel eindringlich beschworen:

> Wer von uns sah ohne Beben zu, wen durchdrang nicht lebendige Glut zur Tugend, brennender Haß des Lasters, als, aufgeschröckt aus Träumen der Ewigkeit, von den Schrecknissen des n a h e n Gerichts umgeben, F r a n z v o n M o o r aus dem Schlummer sprang, als er, die Donner des erwachten Gewissens zu übertäuben, Gott aus der Schöpfung läugnete, und seine gepreßte Brust, zum lezten Gebete vertrocknet, in frechen Flüchen sich Luft machte?[81]

Schiller selbst erkennt aber, daß die Fähigkeit des Theaters, die Laster und damit die spektakulärsten Äußerungen der Unmoral in lebendigen Farben zu schildern, nicht apriori und aus sich selbst heraus eine moralische Wirkung entfalten muß. Primär besteht nämlich die besondere Leistung der Bühne darin, das Dargestellte als sinnlich präsent und gewissermaßen real erscheinen zu lassen. Das Theater, so Schiller, sei der Ort,

> [...] wo das menschliche Herz auf den Foltern der Leidenschaft seine leisesten Regungen beichtet, alle Larven fallen, alle Schminke verfliegt, und die Wahrheit unbestechlich wie Rhadamanthus Gericht hält.[82]

Nach dieser Passage erscheint eher Desillusionierung und Abwehr von Verstellung, Künstelei und ungerechtfertigter Abstraktion als Leistung des Theaters, und es ist nicht ersichtlich, wie sich daraus die intendierte moralische Wirkung ergeben sollte. Auch die Vorrede der Schauspielfassung beschwört „die Vorteile der dramatischen Methode, die Seele gleichsam bei ihren geheimsten Operationen zu ertappen" (3), und läßt eher Entlarvungspsychologie als ethisch-moralische Läuterung im Zentrum der theatralischen Wirkung stehen. Auch der Schaubühnen-Vortrag gibt zu, „daß Karl Moors unglückliche Räubergeschichte die Landstrassen nicht viel sicherer machen wird"[83], und relativiert damit die eigenen Reflexionen über die mögliche Wirkung der Geschichte Franz Moors.

Die folgenden Sätze enthalten einen interessanten Gedankengang, der eine völlige Überwindung der moralischen Argumentation impliziert, indem er die Kraft und Energie eines Charakters sowie die Intensität von dessen Erlebnisfähigkeit zum Maßstab der theatralischen Wirksamkeit erhebt:

> Jedem, auch dem Lasterhaftesten, ist gewissermaßen der Stempel des göttlichen Ebenbilds aufgedrückt, und vielleicht hat der große Bösewicht keinen so weiten Weg zum großen Rechtschaffenen als der kleine; denn die Moralität hält gleichen Gang mit den Kräften, und je weiter die Fähigkeit, desto weiter und ungeheurer ihre Verirrung, desto imputabler ihre Verfälschung. (5)

Der große Mensch, auch und gerade der große Verbrecher, erscheint hier als der privilegierte Gegenstand des Dramas; die Wirkungsabsicht liegt in der Erregung starker Gefühle, die auch moralischen Charakter haben können, sich auf diese Dimension aber nicht beschränken. Der Schaubühnen-Vertrag reflektiert diese Problematik indirekt, indem er hypothetisch die eigene aufklärerische Wirkungsästhetik in Frage stellt und daraus eine wichtige Konsequenz zieht:

> Was bis hieher zu beweisen unternommen worden, daß sie [die Bühne, M. H.] auf Sitten und Aufklärung wesentlich wirke, war zweifelhaft – daß sie unter allen Erfindungen des Luxus, und allen Anstalten zur gesellschaftlichen Ergözlichkeit den Vorzug verdiene, haben selbst ihre Feinde gestanden.[84]

Worin besteht nun dieses besondere Privileg des Theaters? Was leistet es jenseits der Reflexionen über Gut und Böse, Wahr und Falsch?

> [...] in dieser künstlichen Welt träumen wir die wirkliche hinweg, wir werden uns selbst wieder gegeben, unsre Empfindung erwacht, heilsame Leidenschaften erschüttern unsre schlummernde Natur, und treiben das Blut in frischeren Wallungen.[85]

Vieldeutig wie das Stück ist die Quintessenz der dramentheoretischen Reflexionen. Sie dokumentieren letztlich gegen den Willen ihres Verfassers eine Option für die Autonomie der Kunst, für die Eigengesetzlichkeit der dramatischen Produktion und ihrer Wirkungen, bieten aber verschiedene Möglichkeiten zur Ausdeutung dieser kühnen Ansätze. Auf die *Räuber* bezogen, ist eher an ein expressives Theater der Gefühle zu denken, dessen Betonung der Intensität des Erlebens zu einem Theater der Gewalt und der Grausamkeit führen und moderne Inszenierungen rechtfertigen kann, die solche Erlebnisse vermitteln wollen. Auf Schillers weitere Entwicklung bezogen, läßt sich aber auch eine Konzeption der Kultivierung des Gefühls erkennen, die auf die ästhetische Erziehung und die Poetik des Erhabenen hindeutet.

Für die *Räuber* bestätigt sich, daß Schillers erstes Stück im Spannungsfeld zwischen aufklärerischer Morallehre und expressiver Emotionalität des Sturm und Drang (und Barock) angesiedelt ist und daß die Spannung zwischen diesen beiden Polen seinen Charakter entscheidend prägt. Dramentheorie und Dramenpraxis stehen damit in einem kritischen Verhältnis zueinander, korrigieren sich gegenseitig, ohne daß eine Ebene lediglich als Explikation der anderen anzusehen wäre.

3.2.3
Lyrische und epische Elemente

Die Vielschichtigkeit und der umfassende Anspruch der *Räuber* zeigen sich auch darin, daß das Stück im Vorgriff auf romantische Tendenzen die Gattungsgrenzen in Frage stellt und lyrische sowie epische Elemente in das Drama einfügt. Die lyrischen Partien gehören Karl und Amalia; sie verweisen auf die *Ilias* (Hektor und Andromache; II, 2 und IV, 4) und auf die römische Geschichte (Brutus und Cäsar; IV, 5). Hinzu kommen das empfindsame Lied Amalias (III, 1) und das Räuberlied (IV, 5), das aber nicht im engeren Sinne als lyrisch zu bezeichnen ist. Der Wechselgesang zwischen Hektor und Andromache, der zunächst von Amalia allein und bei der Wiederbegegnung der Liebenden von diesen alternierend vorgetragen wird, verbindet im Anklang an das Vorbild Klopstock den Ausdruck der Liebe mit dem Gedanken an den Tod. Er wird in II, 2 von Amalia mit einem typischen empfindsamen Diskurs eingeleitet und kontrastiert die Erhabenheit des Helden mit der hingebungsvollen Haltung der liebenden Ehefrau, die bald zur Witwe werden wird. Die Funktion dieser Passagen besteht zunächst zweifellos in der Intensivierung des Erlebnisses, die durch die geforderte Musikbegleitung noch verstärkt wird; es ergibt sich aber auch ein kontrastierender Effekt zur „modernen" Handlung des Stücks, die gerade um das Problem kreist, daß Karl Moor das heroische Handlungsmodell in der prosaischen Welt nicht mehr umsetzen kann und daß die „elysische" Idylle als nostalgische Erinnerung an eine glückliche Jugend erfahren wird, die mit der Realität nichts mehr zu tun hat. Ähnliches läßt sich von den Brutus-Cäsar-Partien sagen, die ebenfalls von Karl mit der Laute begleitet werden.

Der Bezug zu den heroischen Gestalten Roms soll der Selbstbestätigung und Festigung des Räuberrebellen dienen, der seine eigene Geschichte in der antiken spiegeln will – „den Römergesang muß ich hören, daß mein schlafender Genius wieder aufwacht" (109). Genau das kann er aber nicht leisten („Keine Welt für Brutus mehr!"), und gerade dadurch wird ihm die Ausweglosigkeit seiner Situation bewußt. Demgegenüber ist Amalias Lied in III, 1 unmittelbarer Gefühlsausdruck und ein Musterbeispiel für die Rhetorik der Empfindsamkeit (Emphase, Wiederholung, Akkumulation, Interjektionen, Bindestriche). Es steht ebenfalls in der Tradition Klopstocks und artikuliert die sentimentalische Sehnsucht nach der Vereinigung mit dem Geliebten, die ähnlich wie in dem oben zitierten Gedicht Klopstocks (vgl. S. 35) als unwiderruflich vergangen dargestellt wird.

Die lyrischen Partien haben insgesamt eine retardierende Funktion und dienen der Reflexion auf das Geschehen des Dramas, die allerdings emotionale Betroffenheit nicht ausschließt. Sie sind als integraler Bestandteil des Stücks anzusehen und können dessen Wirkung in besonderer Weise verstärken.

Die Bedeutung der epischen Partien des Stücks wird von Schiller in der „Unterdrückten Vorrede" insofern betont, als er das Stück als episch-dramatische Mischform präsentiert:

Wahr also ist es, daß [...] der wahre Geist des Schauspiels tiefer in die Seele gräbt, schärffer ins Herz schneidet, und lebendiger belehrt als Roman und Epopee, und daß es der sinnlichen Vorspiegelung gar nicht einmal bedarf uns diese Gattung von Poesie vorzüglich zu empfehlen. Ich kann demnach eine Geschichte Dramatisch abhandeln, ohne darum ein Drama schreiben zu wollen. Das heißt: ich schreibe einen d r a m a - t i s c h e n R o m a n, und kein theatralisches Drama.[86]

Schon Hans Schwerte erkannte die Bedeutung des Epischen im Stück:

Tatsächlich sind alle fünf Akte der *Räuber* durchsetzt mit solchen epischen Erzählstücken, die in die Einbildungskraft der Zuschauer hineingespielt werden: Franz, Karl, der Vater, Spiegelberg – dieser vor allem –,

Roller, Schweizer, Kosinsky, alle erzählen sie, alle berichten sie, aber sie erzählen und berichten „in dramatischer Manier", d. h. in der Gegenwärtigkeit des ablaufenden Dramas, und erschaffen dadurch die von Schiller erstrebte neue Dramatik.[87]

Die Hauptfunktion der epischen Partien liegt demnach darin, die erzählten Ereignisse in Beziehung zu dem jeweils Berichtenden zu setzen; die dramatische Vergegenwärtigung der Erzählung macht dem Zuschauer die Reaktion des Betroffenen bewußt. Wie bei den lyrischen Passagen ergibt sich eine charakteristische Dialektik von Distanz und Pathos, von Reflexion und Inszenierung der Gefühle. Wir erkennen hier erneut die charakteristische Ambivalenz von Schillers Stück, das einerseits auf gedankliche Abstraktion, andererseits auf die Erzeugung einer hohen Gefühlsintensität setzt. Die Wirkungsintention Schillers ist komplex, da sie auf ein „totales Theater" verweist, das Reflexion und Emotion, Distanz und Betroffenheit zugleich fordert.

3.2.4
Bibelsprache

Ein besonderes Kennzeichen der *Räuber* ist die den gesamten Text durchziehende Verwendung von Bibelsprache.[88] Dabei sind die Motivstränge des neutestamentlichen Gleichnisses vom verlorenen Sohn sowie der alttestamentlichen Geschichte von Jakob und Joseph von besonderem Interesse. Einer der Änderungsvorschläge Dalbergs, die schließlich nicht verwirklicht wurden, betraf den Titel des Dramas, wie aus Schillers brieflicher Bemerkung hervorgeht: „Hier erscheint endlich der *Verlorne Sohn* oder die umgeschmolzenen Räuber."[89]

Der Text bietet zahlreiche Anspielungen auf das Gleichnis. Ausdrücklich benennt Spiegelberg in polemischer Absicht die Parallele im Gespräch mit Karl: „Pfui, du wirst doch nicht gar den verlorenen Sohn spielen wollen!" (21) Karl wiederum vertraut nach seinem Entschuldigungsschreiben auf die Verzeihung des Vaters und interpretiert seine eigene Lebensgeschichte damit zunächst genau nach dem biblischen Muster: „Die Verzeihung meines Vaters ist schon innerhalb der Stadtmauern." (25) Um so größer ist seine Enttäuschung, als er den von Franz verfaßten Brief zur Kenntnis nehmen muß. Die vermeintliche Herzlosigkeit des Vaters und die ihm offenbar erscheinende Mißachtung des biblischen Schemas führen ihn zur Rebellion gegen Gesellschaft und Natur und lassen ihn zum Räuberrebellen werden: „Ich habe keinen Vater mehr, ich habe keine Liebe mehr, und Blut und Tod soll mich vergessen lehren, daß mir jemals etwas teuer war! Kommt, kommt!" (33) Die Wendung des Geschehens und die Einsicht in Franz' Intrige bewirken beim alten Moor heftige Selbstvorwürfe. Das biblische Schema vom verlorenen Sohn wird hier zur Geschichte vom verlorenen Vater: „Ich bin der Vater, der seinen großen Sohn erschlug. Mich liebt' er bis in den Tod! mich zu rächen, rannte er in Kampf und Tod! Ungeheuer! Ungeheuer! (*Wütet wider sich selber.*)" (51) Bei der Wiederbegegnung von Vater und Sohn ist es in genauer Umkehrung des biblischen Schemas der Vater, der den Sohn um Verzeihung bittet: „[...] seine Knie will ich umfassen – rufen – laut rufen: Ich hab gesündigt im Himmel und vor dir. Ich bin nicht wert, daß du mich Vater nennst" (131).

Da in Anbetracht der Umstände das Schema „verlorener Sohn" nicht mehr greift, wird bereits im zweiten Akt die Geschichte von Jakob und Joseph als Paradigma herangezogen (vgl. die längere Passage 53, Zeile 8–40). Hier entspricht das alttestamentliche Schema der Geschichte mehr, als der alte Moor wissen kann, hat doch Franz wie Josephs Brüder gehandelt, und ist doch Karl wie Joseph noch am Leben. Eine völlige Umkehrung des Schemas ergibt sich allerdings bei der Wiederbegegnung von Vater und Sohn, als dieser seine Geschichte erzählt und jener vor Entsetzen stirbt. Helmut Koopmann, der die biblischen Anspielungen im Stück bisher am genauesten untersucht hat, erläutert:

[...] was folgt, ist die stärkste Abweichung vom alttestamentlichen Vorbild, die sich denken läßt: die eigentliche Erkennungsszene tötet den alten Moor, und der Sohn wird mit dem Eingeständnis seines Räuberdaseins endgültig zum Mörder am Vater – wiederum in Verkehrung des Anfangs, als der alte Moor nur scheinbar, vom Vorlesen der Josephsgeschichte aufs höchste ergriffen, den Tod findet: auch das ein Hinweis auf die außerordentlich beziehungsreiche und so wohldurchdachte Tektonik des Dramas.[90]

Entscheidend ist nun aber die Interpretation, die sich auf die Verwendung biblischer Sprache und Schemata bezieht und die durch die Parallelisierung von Karl Moor mit Christus („Bald – bald ist alles erfüllet" – 109) und die Bibelstellen in Franz Moors apokalyptischen Traum (und viele andere Stellen) ergänzt werden könnte. Grundsätzlich ergeben sich zwei dialektisch aufeinander bezogene Schlußfolgerungen: Einerseits soll durch den ständigen Bezug auf den ehrwürdigen Text der Bibel die Bedeutsamkeit des dargestellten Geschehens betont werden, andererseits akzentuieren die Umkehrungen des jeweiligen Schemas die Heillosigkeit der beschriebenen Zustände und Handlungen in aller Deutlichkeit. Dabei hat der Übergang vom Neuen zum Alten Testament programmatischen Charakter:

> Daß Schiller sich mit der Abwendung vom Gleichnis vom verlorenen Sohn und der Wendung zur Josephsgeschichte vom Neuen zum Alten Testament bewegte, will ebenfalls nicht zufällig erscheinen. Es ging [...] darum, einen religiösen Hintergrund zu finden, der nicht von der Verzeihenstheologie des Neuen Testaments geprägt war, sondern von der Härte und Unabänderlichkeit, der ehernen Folgerichtigkeit und Nachdrücklichkeit des Alten Testaments.[91]

Die Überlegungen Koopmanns zeigen aber in ihren problematischen Konsequenzen auch, wie die Untersuchung der biblischen Motive zu einer ideologischen Überfrachtung führen kann. Ausgehend von einem Vergleich der *Räuber* mit Lessings *Emilia Galotti* erklärt der Autor abschließend:

> Virginia dort, Jakob und Joseph hier: es ist mythologische Dramatik im Gewand des bürgerlichen Dramas oder des Sturm-und-Drang-Schauspiels. Nicht dieses ist das Eigentliche, sondern jenes, nicht die Räubergeschichte, sondern das alttestamentarische Urbild und der Verstoß dagegen; und eben in diesem Sinne ist Schillers Stück das Drama von Joseph und seinem Vater.[92]

Gegenüber dieser Erhöhung des mythischen/biblischen Schemas zum überzeitlichen Modell ist darauf zu verweisen, daß die biblischen Anspielungen derselben Logik folgen wie die Beschwörung der antiken Helden Hektor und Brutus/Cäsar. *Die Räuber* ist ein Drama des modernen Menschen, bei dem die persönlichen Verhältnisse nicht mehr die normative Bedeutung haben wie in der Antike oder im biblischen Altertum. Der Moderne, oder der „Sentimentalische" in Schillers späterer Terminologie, lebt nicht mehr in natürlichen Verhältnissen (als welche die mythisch-historischen Modelle erscheinen); er kann diese erstreben, nicht aber sein Leben nach den tradierten Schemata gestalten. Der Verlust der personalen Vertrauensverhältnisse ist zweifellos das zentrale Thema von Schillers Stück. Dieser Mangel wird nicht mit einer Unterordnung des modernen Subjekts unter die traditionellen Muster überwunden, die gleichwohl in Mythos, alter Geschichte und Bibel zitiert werden. Koopmann unterstellt Schiller eine Rückkehr zu autoritären und patriarchalischen Mustern, deren Verlust dieser zwar bedauert, deren Unwiederbringlichkeit er aber gerade im Zitat und im Bezug zu den Mustern deutlich macht. *Die Räuber* zeigen das Problem, bieten aber keine endgültige Lösung, wenn man nicht die rein formale Unterwerfung des bereuenden Räuberrebellen unter die gesetzliche Ordnung als solche verstehen will. Die Verwendung biblischer Sprache und biblischer Motive zeigt eher einen Verlust an, als daß sie ein Zurück zu den alten Mustern fordern würde.

3.2.5
Sprache der Rebellion, Sprache der Empfindsamkeit, Sprache der Seelenmechanik

Die wesentlichen Elemente aus dem Sturm und Drang, der Empfindsamkeit und der Aufklärung, die das Stück bestimmen, kennzeichnen auch in jeweils spezifischer Weise dessen Sprache. Sie lassen sich primär den drei zentralen Gestalten Karl, Amalia und Franz zuordnen; es gibt jedoch auch wichtige Überschneidungen, die für die Interpretation der *Räuber* von besonderem Gewicht sind.

Die Sprache der Rebellion, die Karl charakterisiert, steht zunächst ganz in der Tradition des Sturm und Drang. Sie findet sich charakteristischerweise in ihrer reinsten Ausprägung und auf den allgemeinen Geist des Zeitalters bezogen in den Passagen, die vor der Enttäuschung Karls über den von Franz verfaßten Brief des Vaters stehen, und verbinden sich danach mit der auf falschen Voraussetzungen beruhenden persönlichen Kränkung des Protagonisten. Die Sprache ist antithetisch strukturiert und kontrastiert die verweichlichte Gegenwart mit Bildern des Heroentums und der Natur, die eindeutig positiv besetzt sind. Reflexionssucht und mangelnde Tatkraft der Zeitgenossen werden von Karl in wirksamen bildhaften „Kraftausdrücken" wie „tintenklecksendes Säkulum" und „Kastratenjahrhundert" (beide 19) aufs Korn genommen. Antithetische Bilder prägen auch den Rebellionsdiskurs

Karls, der mit Recht zu den bekanntesten Passagen des Stücks gehört:

> Ich soll meinen Leib pressen in eine Schnürbrust und meinen Willen schnüren in Gesetze. Das Gesetz hat zum Schneckengang verdorben, was Adlerflug geworden wäre. Das Gesetz hat noch keinen großen Mann gebildet, aber die Freiheit brütet Kolosse und Extremitäten aus. Sie verpalisadieren sich ins Bauchfell eines Tyrannen, hofieren der Laune seines Magens und lassen sich klemmen von seinen Winden. – Ah! daß der Geist Hermanns noch in der Asche glimmte! – Stelle mich vor ein Heer Kerls wie ich, und aus Deutschland soll eine Republik werden, gegen die Rom und Sparta Nonnenklöster sein sollen. (20)

Typisch für die Sprache des Sturm und Drang sind die negativ konnotierten Wörter, welche die fortgeschrittene Zivilisation bezeichnen („Schnürbrust", „Schneckengang"), der pejorative Gebrauch von Ausdrücken, die abstrakte Regelungen und Normen evozieren (dreimalige Verwendung des Wortes „Gesetz"), die Verwendung derben Sprachguts („Winden") sowie der Bezug auf Vertreter einer heroischen Vergangenheit (Hermann, Rom, Sparta). Das Wort „Republik" verweist trotz seiner antifeudalen Ausprägung weniger auf ein politisches Programm als auf den Charakterzug des republikanischen Helden, wie er später im Bezug auf Brutus wieder aufgenommen wird. Zeigt das Wort „Adlerflug" ein positives Naturverständnis im rousseauistischen Sinne, so richtet sich die Sprache der Rebellion nach dem Verlust des „Urvertrauens" auch gegen die Natur, wodurch der Sinn der Revolte in Frage gestellt wird:

> [...] oh, daß ich durch die ganze Natur das Horn des Aufruhrs blasen könnte, Luft, Erde und Meer wider das Hyänengezücht ins Treffen zu führen! (32)

Die Wendung gegen die Natur verbindet die Sprache der Rebellion mit der Sprache der „Seelenmechanik" (Erklärung des Begriffs auf S. 70 f.) und zeigt damit umgekehrt, daß auch Franz vom Geist der Rebellion beseelt ist. So erklärt dieser:

> Ich habe große Rechte, über die Natur ungehalten zu sein, und bei meiner Ehre! ich will sie geltend machen. – Warum bin ich nicht der erste aus Mutterleib gekrochen? Warum nicht der einzige? Warum mußte sie mir diese Bürde von Häßlichkeit aufladen? Gerade mir? (16)

Wenn Franz an anderer Stelle auch das Bild vom Schneckengang verwendet, so geschieht dies bezeichnenderweise in Umkehrung des von Karl etablierten Bezugssystems: „Soll sich mein hochfliegender Geist an den Schneckengang der M a t e r i e ketten lassen?" (40) Sprach Karl vom Schneckengang der vom Menschen geschaffenen Gesetze und setzte er diesen den Adlerflug der Natur entgegen, so belegt Franz die Natur mit der pejorativ-„wissenschaftlichen" Bezeichnung „Materie" und spricht von deren Schneckengang, dem er die von ihm selbst erdachten Vorschriften entgegensetzen will. So zeigt sich auf der sprachlichen Ebene die Problematik der Rebellion, deren Basis unklar ist und mit der Karl selbst den Gedanken an „Kolosse und Extremitäten" verbindet.

Die Sprache der Empfindsamkeit mit ihrer paradoxen Rhetorik zeigt sich konzentriert im Lied Amalias (III, 1) und ist insbesondere durch die Verwendung religiöser Termini zur Bezeichnung der Liebe und des geliebten Objekts charakterisiert. „Schön wie Engel", „himmlisch mild sein Blick", „Seine Küsse – paradiesisch Fühlen!" (76) usw. Dieses Phänomen hat eine dialektische Bedeutung: Einerseits liegt offenkundig eine Säkularisierung religiöser Gehalte und Gefühle vor; andererseits werden wir mit dem Phänomen einer Liebesreligion konfrontiert. Hieraus ergibt sich die enge Verbindung zwischen der Liebes- und der Todesmetaphorik, die im Falle Amalias eine freudige Bereitschaft zum Sterben zum Ausdruck bringt:

Ja süß, himmlisch süß ists, eingewiegt zu werden in den Schlaf des Todes von dem Gesang des Geliebten – vielleicht träumt man auch im Grabe noch fort – ein langer, ewiger unendlicher Traum von Karln, bis man die Glocke der Auferstehung läutet – (*aufspringend, entzückt*) und von itzt an in seinen Armen auf ewig (47).

Die Sprache der Empfindsamkeit ist mit ihrer religiösen Inbrunst und ihrer Abwendung von der diesseitigen Welt durch eine Innerlichkeit geprägt, die sich nicht mit der Sprache der „Weltleute" in Einklang bringen läßt. Nur in der Verweigerung gegenüber der von Äußerlichkeiten bestimmten Welt des Hofes grenzt die Sprache der Empfindsamkeit an die Sprache der Rebellion. Amalias Sprache gewinnt in der Konfrontation mit den begehrlichen Anträgen Franz' eine barocke Antithetik, in welcher die Innerlichkeit über die weltlichen Werte triumphiert:

Geh, Lotterbube – itzt bin ich wieder bei Karln – Bettler, sagt er? so hat die Welt sich umgedreht, Bettler sind Könige, und Könige sind Bettler! – Ich möchte die Lumpen, die er anhat, nicht mit dem Purpur der Gesalbten vertauschen – der Blick, mit dem er bettelt, das muß ein großer, ein königlicher Blick sein – ein Blick, der die Herrlichkeit, den Pomp, die Triumphe der Großen und Reichen zernichtet! In den Staub mit dir, du prangendes Geschmeide! (*Sie reißt sich die Perlen vom Hals.*) Seid verdammt, Gold und Silber und Juwelen zu tragen, ihr Großen und Reichen! Seid verdammt, an üppigen Mahlen zu zechen! Verdammt, euren Gliedern wohl zu tun auf welchen Polstern der Wollust! Karl! Karl! so bin ich dein wert – (38 f.)

Die Sprache der Seelenmechanik ist die Sprache der „radikalisierten" Aufklärung, der es darum geht, das psychische Geschehen rational zu zergliedern und auf diese Weise Macht und Herrschaft über andere Menschen auszuüben. Sie ist dem Verfasser der *Räuber* nicht fremd, dem es nach eigenem Bekunden in seinem Stück darum geht, „die Seele gleichsam bei ihren geheimsten Operationen zu ertappen" (3). Sie verdinglicht die moralischen Normen, indem sie diese mit Gegenständen des täglichen Gebrauchs vergleicht. So bezeichnet Franz das Gewissen als „Lumpenmann, Sperlinge von Kirschbäumen wegzuschröcken", und verwendet einen Vergleich aus der ökonomischen Sphäre, wenn er es einen „Wechselbrief [nennt], mit dem auch der Bankerottierer zur Not noch hinauslangt." (beides 17) Die materialistische Ausrichtung einer Sprache der Seelenmechanik zeigt sich, wenn menschliche Verhaltensweisen auf Vorgänge im Tierreich reduziert werden: „Etwa im Aktus selber, durch den ich entstund? – Als wenn dieser etwas mehr wäre als viehischer Prozeß zur Stillung viehischer Begierden!« (18) Oder menschliches Verhalten wird auf ein physiologisches Reiz-Reaktions-Schema bezogen:

Den Vater, der vielleicht eine Bouteille Wein weiter getrunken hat, kommt der Kitzel an – und draus wird ein Mensch, und der Mensch war gewiß das letzte, woran bei der ganzen Herkulesarbeit gedacht wird. (97)

Diese Argumentation wird konsequent auf die Tötung eines Menschen bezogen: „Nun kommt mich eben auch der Kitzel an – und dran krepiert ein Mensch, und gewiß ist hier mehr Verstand und Absichten, als dort bei seinem Entstehen war –" (97). Die Parallele zwischen Körper und Geist wird zum Anlaß genommen, auch letzteren nach mechanistischen Sprachmustern zu behandeln:

> Philosophen und Mediziner lehren mich, wie treffend die Stimmungen des Geists mit den Bewegungen der Maschine zusammenlauten. Gichtrische Empfindungen werden jederzeit von einer Dissonanz der mechanischen Schwingungen begleitet – Leidenschaften m i ß h a n d e l n die Lebenskraft – (40)

Die Beherrschung der Seele wird als Kunst angesehen, die den Meister in diesem Fach in eine Reihe mit den Selbsthelfern der Rebellion des Sturm und Drang stellt:

> Wer es verstünde, dem Tod diesen ungebahnten Weg in das Schloß des Lebens zu ebenen! den Körper vom Geist aus zu verderben – ha! ein Originalwerk! wer das zustand brächte! – Ein Werk ohnegleichen! – Sinne nach, Moor! Das wäre eine Kunst, die's verdiente, dich zum Erfinder zu haben. (40)

So stehen die drei beherrschenden Sprachebenen der *Räuber* in einer problematischen, dabei aber sehr reizvollen Interdependenz, die viel zur spezifischen sprachlichen Wirkung des Stücks beiträgt.

3.3
Figuren- und Handlungsanalyse

Zentrale Bedeutung für die *Räuber* kommt den wichtigsten Figuren, ihrer Konstellation und Konfrontation im Handlungsverlauf zu. Die Interpretation charakterisiert zunächst die Hauptfiguren und deren Verhältnis zueinander und untersucht den Handlungsablauf. Neben die äußere tritt die innere Handlung, die weniger eine Entwicklung der Protagonisten im Sinne einer grundlegenden Veränderung als die Entfaltung einer in den Charakteren angelegten Logik darstellt. Die in den Grundlagen skizzierten Voraussetzungen erscheinen jetzt in den Gestalten und Handlungselementen aufgehoben; sie treten in eine dramatische Konstellation, die etwas Neues und ganz Eigenes schafft, das insgesamt inkommensurabel erscheint und den *Räubern* ihre unverwechselbare Eigenart verleiht.

3.3.1
Franz: Unterdrückung der Natur und Wiederkehr des Verdrängten

Der jüngere der Brüder Moor gehört zu den beklemmendsten und provozierendsten Gestalten der deutschen Dramatik des achtzehnten Jahrhunderts. Es ist nicht die Monstrosität der Figur allein, welche diese Wirkung hervorruft, sondern vor allem die Tatsache, daß Franz konsequent nach den Prinzipien avanciertester aufklärerischer Philosophie handelt. Schiller erklärt in der Selbstrezension im „Wirttembergischen Repertorium":

> Dann sind auch die Raisonnements, mit denen er sein Lastersystem aufzustutzen versteht, das Resultat eines aufgeklärten Denkens und liberalen Studiums. Die Begriffe, die sie voraussetzen, hätten ihn notwendig veredeln sollen[93].

Im Sinne der Überlegungen Horkheimers und Adornos zur Dialektik der Aufklärung stellt Schiller mit der Figur des Franz Moor die bohrende Frage, ob die aufklärerische Rationalität mit der Bewahrung moralischer Werte in Einklang stehe. Nach der Intention des Autors soll das Schicksal des räsonierenden Bösewichts zweifellos dessen „System" widerlegen; es bleibt aber eine grundlegende Irritation, die auch durch die Logik der Handlung nicht überwunden wird.

Franz Moor verkörpert die aufklärerische Vernunft, indem er die Natur beherrschen will. Was bei Kant als Mündigkeit erscheint, erweist sich hier als Selbstbestimmung in Form von Unterdrückung des Fremden im Selbst. Das Stück gibt eine psychologische Begründung für diesen Sachverhalt, indem es zeigt, wie Rationalität, die sich anderer Menschen als Mittel bedient, aus dem Geiste des Ressentiments entsteht. Nicht die Moral, wie später bei Nietzsche, sondern die Wendung gegen die Natur und Moral ergibt sich aus dem Bedürfnis, die „natürlichen" Gegebenheiten zu korrigieren. In seinem ersten Monolog erklärt Franz diese Zusammenhänge:

> Ich habe große Rechte, über die Natur ungehalten zu sein, und bei meiner Ehre! ich will sie geltend machen. – Warum bin ich nicht der erste aus Mutterleib gekrochen? [...] Wirklich, ich glaube, sie hat von allen Menschensorten das Scheußliche auf einen Haufen geworfen und

mich daraus gebacken. Mord und Tod! Wer hat ihr die Vollmacht gegeben, jenem dieses zu verleihen und mir vorzuenthalten? (16 f.)

Er empfindet die von ihm vorgefundenen natürlichen Gegebenheiten nicht als Teil von sich selbst, als etwas, mit dem er leben und aus dem heraus er schaffen, sondern als etwas ihm Unzugehöriges, dem er nur in einem antagonistischen Kampf gegenübertreten kann. Die personale Vertrautheit, die sich aus dem Verhältnis von Vater und Sohn, Bruder und Bruder ergibt und die sein Bruder Karl verloren zu haben glaubt, ist Franz durch sein Ressentiment versperrt. Er kompensiert diese Leere durch eine rationalistische Argumentation, die natürlich-körperliche Beziehungen auf einen physiologisch-materialistischen Kern reduziert und als Grundlage eines Zusammengehörigkeitsgefühls nicht gelten läßt:

Ich habe Langes und Breites von einer sogenannten B l u t l i e b e schwatzen gehört, das einem ordentlichen Hausmann den Kopf heiß machen könnte [...] es ist dein Vater! Er hat dir das Leben gegeben, du bist sein Fleisch, sein Blut – also sei er dir heilig. Wiederum eine schlaue Konsequenz! Ich möchte doch fragen, w a r u m hat er mich gemacht? doch wohl nicht gar aus Liebe zu mir, der erst ein I c h werden sollte? Hat er mich gekannt, ehe er mich machte? Oder hat er mich gedacht, wie er mich machte? Oder hat er m i c h gewünscht, da er mich machte? Wußte er, was ich werden würde? Das wollt ich ihm nicht raten, sonst möcht ich ihn dafür strafen, daß er mich doch gemacht hat! (17 f.)

Der Grund für seine Haltung, alle natürlichen Gegebenheiten abzulehnen, liegt in einem Sozialisationsdefizit, an welchem der Vater nicht unschuldig ist. Er bevorzugt den älteren Sohn. Er verweigert dem jüngeren Sohn die bedingungslose Vaterliebe und verhindert dadurch, daß Franz Urvertrauen und Selbstbewußtsein entwickeln konnte. Die Abwesenheit einer Vertrauen spendenden Mutter ist in dem gesamten Stück stillschweigende Voraussetzung; die einzige Erwähnung der Mutter durch den alten Daniel bestätigt lediglich deren Existenz und das nicht weiter explizierte Defizit („war zum Glück [sic!] noch Herr und Frau verreiset" – 99). Franz schildert das Verhalten des Vaters folgendermaßen:

Und dann der trockne Alltagsmensch, der kalte, hölzerne Franz, und wie die Titelchen alle heißen mögen, die Euch der Kontrast zwischen ihm und mir mocht eingegeben haben, wenn er Euch auf dem Schoße saß oder in die Backen zwickte (12 f.).

Franz' Konsequenz aus diesem Urdefizit ist eine quasi existentialistische Haltung, die von außen nichts erwartet und alles aus sich selbst heraus erreichen will, wobei das Selbst der vom Körper abgespaltene rein rational funktionierende Verstand ist: „Schwimme wer schwimmen kann, und wer zu plump ist, geh unter! Sie [die Natur, M. H.] gab mir nichts mit; wozu ich mich machen will, das ist nun meine Sache." (17) Die Schwimm-Metaphorik ist hier besonders charakteristisch, denn das Wasser erscheint nicht als bergender Lebensraum, sondern ausschließlich als feindliches Element, gegen das man sich durchsetzen muß und in dem andere Schwimmer in einem Kampf auf Leben und Tod begegnen. Rationalität erscheint in dem agonistischen Universum des Franz Moor als Kampfinstrument, als Waffe gegen die Natur und die Rivalen. Damit dies funktioniert, muß die mechanistische Vernunft zunächst die moralischen Werte als Vorurteile „entlarven"; dies leistet Franz' erster Monolog mit der Wendung gegen Gewissen und „Blutliebe" (I, 1). Schließlich wird die Seelenmechanik als Mittel zur Vernichtung des Vaters eingesetzt: „Wer es verstünde, dem Tod diesen ungebahnten Weg in das Schloß des Lebens zu ebenen! – den Körper vom Geist aus zu verderben – ha! ein Originalwerk! – wer das zustand brächte!" (40) Und Franz diskutiert in seinem zweiten Monolog (II, 1) die Macht der verschiedenen Empfindungen und die Chance, welche wohl mit der größten Effizienz den Körper des Vaters zerstören könnte: Zorn, Sorge, Furcht, Schrecken, Jammer, Reue, „Selbstverklagung", Verzweiflung.

Vernunft als Herrschaftsinstrument artikuliert sich auch im politischen Bereich in der Abkehr von jeder persönlichen Beziehung zwischen Landesherr und Untertanen. Franz Moor wird als Herrscher zum Despoten; die Bürger des Staates werden zu Objekten einer ungehemmten Unterdrückung degradiert:

Nun sollt ihr den nackten Franz sehen, und euch entsetzen! Mein Vater überzuckerte seine Forderungen, schuf sein Gebiet zu einem Familienzirkel um, saß liebreich lächelnd am Tor, und grüßte sie Brüder und Kinder. – Meine Augenbrauen sollen über euch herhangen wie Gewitterwolken, mein herrischer Name schweben wie ein drohender Komet über diesen Gebirgen [. . .]. Blässe der Armut und sklavischen Furcht sind meine Leibfarbe: in diese Liverei will ich euch kleiden! (54)

Die radikalisierte Aufklärungsphilosophie führt in diesem Fall zu einer Herrschaftsform, welche die Würde des einzelnen nicht anerkennt und dem Mächtigen die totale Unterwerfung der Abhängigen ermöglicht. Die moderne, aus bürgerlichen Quellen gespeiste Ideologie Franz Moors präfiguriert die Macht totalitärer Staaten und läßt die konservative Regierungsform des alten Moor in hellem Licht erstrahlen, zeigt aber zugleich deren reale Schwäche.

Auslöser für die Wende des Stücks und den schließlichen Untergang Franz' ist neben dem rächenden Räuberschwarm der apokalyptische Traum, der den Rationalisten bedrängt und in seinen Überzeugungen erschüttert. In der Vorrede zur Schauspielfassung sagt Schiller von dem Dramatiker: „er selbst muß augenblicklich seine nächtlichen Labyrinthe durchwandern" (3), und genau das ist es, was Franz Moor im fünften Akt widerfährt. Der aus biblischen Bildern zusammengesetzte Alptraum stellt die Wiederkehr des Verdrängten dar; die Natur, die Franz mit seinen Gewaltakten unterdrückt hat, kehrt ihrerseits als Herrscherin zurück und richtet den, der sie bezwingen wollte, zugrunde. Die apokalyptischen Bilder sind keine inhaltliche Bestätigung des christlichen Glaubens, sie symbolisieren vielmehr die Macht derjenigen Werte des Natürlichen und Unverfügbaren, die Franz verdrängt hatte.

Wer den eigenen Körper zu entwirklichen sucht, dem erscheint dieser im Traum als „Schädel und Rippen und Kinnbacken und Beine" (121); wer sich selbst zum Herren über sein eigenes Leben aufschwingt, dem erscheint der Tod als grauenhafte Erinnerung an die eigene Begrenztheit und Endlichkeit; wer jede emotionale Beziehung zwischen den Menschen leugnet, dem erscheint die moralische Instanz als alttestamentarisch rächender Gott. Pastor Moser ist Sprachrohr eines Religionsverständnisses, dem der christliche Glaube als Wiederkehr der verdrängten Gehalte von Natur im Menschen erscheint. Keine christliche Dogmatik, sondern Ausdruck einer natürlichen Religion ist, was Moser vorträgt und was der inneren Logik von Franz' Antinaturalismus entspricht:

[...] ich fordere Euch auf, das soll die Probe sein, wenn Ihr im Tode annoch feste steht, wenn Euch Eure Grundsätze auch da nicht im Stiche lassen, so sollt Ihr gewonnen haben, wenn Euch im Tode nur der mindeste Schauer anwandelt, weh Euch dann! Ihr habt Euch betrogen. (125)

Die religiösen Vorstellungen symbolisieren auch die Einwände einer gleichsam natürlichen Moral gegen die Unterdrückung im politischen Bereich und postulieren die Bestrafung des Despoten:

Sehet, Moor, Ihr habt das Leben von Tausenden an der Spitze Eures Fingers, und von diesen Tausenden habt ihr neunhundertneunundneunzig elend gemacht. Euch fehlt zu einem Nero nur das Römische Reich und nur Peru zu einem Pizarro. Nun, glaubt Ihr wohl, Gott werde es zugeben, daß ein einziger Mensch in seiner Welt wie ein Wütrich hause, und das Oberste zu unterst kehre? Glaubt Ihr wohl, diese neunhundertneunundneunzig seien nur zum Verderben, nur zu Puppen Eures satanischen Spiels da? Oh glaubt das nicht! Er wird jede Minute, die Ihr ihnen getötet, jede Freude, die Ihr ihnen vergiftet, jede Vollkommenheit, die Ihr ihnen versperret habt, von Euch fodern dereinst, und wenn Ihr darauf antwortet, Moor, so sollt Ihr gewonnen haben. (126)

Das Stück instrumentalisiert die Religion, indem es sie zur Verteidigerin der Natur erhebt, die Franz verdrängt und unterdrückt hat. Die prosaischen „modernen" Verhältnisse, die zu Karls Rebellion und seinem späteren Scheitern führten, haben Franz der Natur entfremdet. Daß die rächenden Bilder der zurückgekehrten Natur Franz nicht versöhnen können, daß er sein Verhalten nicht bereut, zeigt sein Ende. Die Natur, hier symbolisiert durch das Herz, ist in ihm verstummt und kann nicht mehr zum Sprechen gebracht werden:

Ich kann nicht beten – hier hier! (*auf Brust und Stirn schlagend*) alles so öd – so verdorret. (*Steht auf.*) Nein ich will auch nicht beten – diesen Sieg soll der Himmel nicht haben, diesen Spott mir nicht antun die Hölle – (129).

Franz' Selbstmord läßt die Frage offen, ob in der rational organisierten Welt der Moderne die Stimme der Natur noch zu hören ist; so wird zu der Figur des Bruders übergeleitet, die gerade diese Suche nach einer natürlichen, unmittelbaren Übereinstimmung mit der Welt verkörpert.

3.3.2
Karl: Rebellion und Melancholie

Die Figur des Karl Moor wäre zu einseitig interpretiert, wenn sie als reine Verkörperung der Rebellion verstanden würde. Von Anfang an ist sie durch ein Schwanken zwischen Rebellion und Melancholie gekennzeichnet. Im Kontext des Sturm und Drang erscheint Karl als eine Mischung aus Götz und Werther, wobei zu beachten ist, daß auch die beiden Protagonisten Goethes zwischen Resignation und Aufruhr schwanken. Karl rebelliert zunächst gegen die Verhältnisse seines Jahrhunderts, findet aber keine dem modernen System angemessene Handlungsmöglichkeit. Seine Gefühle wechseln permanent zwischen der Sehnsucht nach der Rückkehr in die naturnahe Idylle mit Vater und Geliebten und einer anachronistischen Rebellion im Geiste des Heroentums. In diesem Zwiespalt ist Karl aber eine eminent moderne Gestalt, deren Grundkonflikt die Konfrontation mit einer unpersönlichen, anonymen Ordnung darstellt, die keine echten individuellen Handlungsmöglichkeiten eröffnet. Daß Karl gerade nicht zum politischen Rebell wird, ist einerseits auf die von Schiller realistisch beurteilte Problematik der deutschen Zustände des späten achtzehnten Jahrhunderts zurückzuführen. Andererseits ist das Räuberstück von einer geradezu prophetischen Skepsis gegenüber den Möglichkeiten, den Menschen von der rational verwalteten Welt zu befreien, geprägt. Die Ungewißheit wurde durch den Verlauf der Französischen Revolution – jedenfalls in den Augen vieler Zeitgenossen – bestätigt und berührt die grundlegende Frage, ob organisiertes Handeln anstatt zur Befreiung des Menschen ungewollt zu seiner fortgesetzten Unterdrückung beiträgt.

Schon das erste Auftreten Karls in der Exposition zeigt mit erschöpfender Vollständigkeit die verschiedenen Facetten seiner Persönlichkeit. Mit den ersten Tiraden gegen das „Kastratenjahrhundert" polemisiert er gegen die in den Gesetzen manifest gewordene abstrakte Ordnung der modernen Gesellschaft, die persönliches Handeln mit den positiven Leitbegriffen wie Kraft und Adlerflug unmöglich macht. Rebellion erscheint ebenso notwendig wie unmöglich, und die hier noch offen stehende Rückkehr in die Welt der persönlichen und quasi-natürlichen Beziehungen (die im übrigen Franz immer verschlossen blieb) könnte der einzig mögliche

Ausweg sein: „Im Schatten meiner väterlichen Haine, in den Armen meiner Amalia lockt mich ein edler Vergnügen." (24) Erst als durch die Intrige des Bruders diese Lösung zu scheitern droht, folgt die Empörung gegen die Natur und (auf Anregung Spiegelbergs) die Gründung der Räuberbande. Zu beachten ist, daß im Augenblick der Verzweiflung Karls Position fast vollständig der seines Bruders entspricht, wenn der (vermeintlich) verletzte Stolz gegen die natürlichen Bindungen rebelliert:

> [. . .] aber wenn Blutliebe zur Verräterin, wenn Vaterliebe zur Megäre wird, o so fange Feuer, männliche Gelassenheit, verwilde zum Tiger, sanftmütiges Lamm, und jede Faser recke sich auf zu Grimm und Verderben. (31)

Die Szene in den böhmischen Wäldern (II, 3) zeigt Karls Zwiespalt nach dem „Sündenfall". Schon hier, im zweiten Akt, steht das Eingeständnis, mit der Räuberrebellion den falschen Weg eingeschlagen zu haben: „[. . .] geh, geh! du bist der Mann nicht, das Rachschwert der obern Tribunale zu regieren" (67). Die Umzingelung durch die Soldaten sowie die anmaßenden Reden des Paters führen zu einer neuen (Schein-)Legitimation des eigenen Handelns und gewinnen so lediglich eine retardierende Funktion. Freilich gilt es genau zu differenzieren: Karls Argumente gegen die Bigotterie der Frommen und die Inhumanität der Feudalherrschaft bleiben gültig und werden auch durch die weitere Handlung nicht widerlegt; was aber spätestens seit dem Kinder- und Greisenmord fragwürdig, ja inakzeptabel erscheint, ist der Gedanke, mit mörderischer Gewalt gegen das Unrecht anzukämpfen.

Die Szene an der Donau (III, 2) zeigt den melancholischen Karl als den Prototyp des sentimentalischen modernen Helden, der sich nach dem Zustand einer natürlichen Unschuld in dem Bewußtsein zurücksehnt, wohlwissend, daß diese unwiederbringlich verloren ist: „O all ihr Elysiumsszenen meiner Kindheit! – Werdet ihr nimmer zurückkehren – nimmer mit köstlichen Säuseln meinen brennenden Busen kühlen?" (82) Hier sind es die Solidarität mit den Räubergenossen, die zu dem fatalen Schwur führt („*Bei den Gebeinen meines Rollers! Ich will euch niemals verlassen.*" 83), und die Kosinsky-Episode, die die statisch werdende Konstellation wieder in Bewegung bringen. Das Schicksal des böhmischen Adeligen führt einerseits in Parallele und Kontrast die Legitimität der

Rebellion vor Augen; andererseits motiviert sie Karl zur Rückkehr in die Heimat. Der Schluß des Dramas entfaltet eigentlich „nur" in atemberaubenden Handlungssequenzen die Aporien von Karls Persönlichkeit. Besonders aufschlußreich und problematisch ist die Entdeckkung des Räuberrebellen, daß seine Abwendung vom Vater und der Weg in die Revolte das Ergebnis von Franz' Intrige war. Viele Interpreten haben das Unwahrscheinliche und Künstliche dieser Intrige hervorgehoben und betont, wie wenig plausibel die Tatsache ist, daß sich sowohl Vater als auch Sohn täuschen lassen. Hier liegt aber offensichtlich ein zentraler Knotenpunkt des Stücks. Es geht dabei vielleicht weniger darum, das Geschehen psychologisch nachzuvollziehen, als darzustellen, daß die moderne, versachlichte Gesellschaftsordnung persönliche und familiale Beziehungen so gestört hat, daß ein solches Mißverständnis möglich geworden ist. Die grundlegende Bedeutung des Funktionierens der Intrige liegt demnach nicht in der moralischen Monstrosität Franz', sondern in der Tatsache, daß der Intrigant hoffen konnte, mit seinen zerstörerischen Absichten zum Erfolg zu kommen. Die Rebellion ist dann eine logische, wenn auch fatale Konsequenz aus der Entfremdung personaler Beziehungen und der ohnmächtige Versuch, mit Gewalt Kommunikation wiederherzustellen.

Die entscheidende dramatische Konsequenz aus dem verwickelten Geschehen liegt in der Tötung Amalias durch Karl. Dieser ist bis zum bitteren Ende der Selbsttäuschung erlegen, es gebe einen Ausweg aus der Verstrickung („Erbarmung sei von nun an die Losung – Nun wär auch alles überstanden – Alles überstanden", 134; „Sie vergibt mir, sie liebt mich. [...] Der Friede meiner Seele ist wiedergekommen", 135 f.). Erst als die Räuber ihn an seinen Schwur erinnern, erkennt Karl, daß es kein Zurück mehr gibt und die sentimentalische Liebe nicht mehr aus der Entfremdung herausführen kann. Die Tötung Amalias ist die ins Bild gesetzte Zerstörung der persönlichen Bindungen, der elysischen Idylle durch die Widersprüche der prosaischen Welt. Dies entspricht dem Wunsch der Geliebten, deren Liebe bereits früh in Todessehnsucht mündete. Zurecht beharrte Schiller gegenüber Dalberg auf der Notwendigkeit dieses Handlungsmoments, das die Räuberrebellion als Konsequenz aus dem Verlust der natürlichen Unschuld darstellt.

Die Unterwerfung Karls unter die Gesetze der Obrigkeit erscheint als Konsequenz aus der schon früh gewonnenen Einsicht, daß die Räuberrebellion nicht die geeignete Antwort auf die Probleme der modernen Welt bedeutet. Sein Aufgeben ist keine Apologie der herrschenden Zustände und erst recht keine Identifizierung des irdischen Tribunals mit dem göttlichen. Die Einsicht in das Verfehlte des Räuberprotests und das Wissen um die Inhumanität der herrschenden Ordnung stehen unversöhnt nebeneinander; Karls Kapitulation ist ein Notbehelf, eine formale Unterwerfung unter einen abstrakten Ordnungsgedanken, welche die Forderung nach einer Welt, in der gerechtes, humanes und individuelles Handeln möglich ist, nicht verstummen läßt.

Ist Karls Ende tragisch? Trotz mancher Elemente, die in diese Richtung deuten, spricht vieles dagegen. Seine Rebellion beruhte auf einem Mißverständnis, der Tod erscheint als logische Konsequenz eines verfehlten Lebens. Sicherlich ist Karls Schicksal traurig; es erscheint aber nicht als der Untergang eines schuldlos Schuldigen. Dem aufmerksamen Betrachter muß schon im ersten Akt deutlich werden, daß die Rebellion eine problematische und anmaßende Form der Selbsterhöhung darstellt. Die Revolte ist das Symptom einer heillosen Welt, in der es keine Gerechtigkeit gibt, auch wenn sie von vornherein als ebenso verständlich wie problematisch erscheint. Der Anspruch, gegen die Mißstände der modernen Welt im Stil des Heroen anzukämpfen, ist anachronistisch – man denke an den von Schiller selbst verwendeten Vergleich mit Don Quijote. Insofern ist der Untergang Karls die Konsequenz einer falschen Entscheidung und damit letztlich untragisch.

3.3.3
Amalia: die Ohnmacht des Gefühls

Amalia wurde bereits eingehend charakterisiert (vgl. 3.2.5). Als Vertreterin einer säkularisierten Liebesreligion mit gleichzeitigem Bezug zur Transzendenz in der vorromantischen Verbindung von Liebe und Todessehnsucht verkörpert sie eine in sich ruhende Persönlichkeit, die wie die beiden männlichen Hauptfiguren keine Entwicklung durchmacht, aber auch nicht besonderen Schwankungen ausgesetzt ist. Kennzeichnend für sie ist eine weitgehende Passivität, die sie als eine eher konventionelle Frauengestalt erscheinen läßt und sie von starken weiblichen Figuren der in der gleichen Periode verfaßten Literatur unterscheidet (vgl. Adelheid in Goethes *Götz*, Musarion in Wielands gleichnamiger Verserzählung, Fiordimona in Heinses *Ardinghello*). Kämpferisch erscheint sie lediglich in ihrer Verweigerung gegenüber dem höfischen Glanz in der Auseinandersetzung mit Franz. Für die Stärke ihrer Position spricht, daß sie sich weder von Franz' Intrige noch durch Karls Verkleidung – aufgrund ihrer Liebe erkennt sie ihn trotzdem – täuschen läßt. Diese Aspekte lassen es möglich erscheinen, die empfindsame Liebe nach dem Muster des bürgerlichen Trauerspiels als Gegenmodell zur anonymen Rationalität der höfischfeudalen abstrakten Ordnung zu interpretieren.

Demgegenüber ist auf die Passivität und Jenseitsbezogenheit ihrer Haltung zu verweisen, die keine Bewältigung des Probleme zuläßt, die Karls Rebellion hervorgerufen haben. Die empfindsame Emotionalität wird aus der sentimentalisch-modernen Perspektive Karls zu einem ebenfalls sentimentalischen Modell, das auf eine vormoderne Einheit bezogen bleibt, der modernen Welt aber nichts entgegensetzen kann; aus ihrer eigenen Perspektive wird sie zu einem weltüberwindenden Entwurf, der die Widersprüche der empirischen Welt hinter sich läßt. Die ohnmächtige empfindsame Liebe wird aber von dieser Welt zerstört, wie die „Opferung" Amalias durch Karl beweist. Daß sie durch diese Opferung die Welt oder Karl erlöst haben soll, erscheint als eine spekulative Deutung, die im Kontext des gesamten Stücks nicht plausibel wirkt.

3.3.4
Der alte Moor: die Problematik des schwachen Vaters

Empfindsam und schwach ist auch der alte Moor, dem es im Laufe des gesamten Dramas nicht gelingt, durch selbständiges Handeln Einfluß auf den Verlauf des Geschehens auszuüben. Schillers Charakteristik auf dem Theaterzettel zur Uraufführung gibt einen wichtigen Hinweis: „Der alte Moor, ein allzu schwacher nachgebender Vater, und Stifter von Verderben und Elend seiner Kinder."[94] Die Schwäche des Vaters, die sich auch darin äußert, daß er unfähig ist, dem weniger liebenswürdigen Sohn Franz väterliche Zuneigung zu gewähren, ist ein entscheidender Schlüssel für das Verständnis des Stücks. Die als typisches Sturm-und-Drang-Motiv bekannte Revolte des Sohnes gegen den Vater richtet sich gerade nicht gegen ein autoritäres und despotisches Familienoberhaupt, sondern gegen einen Mann, der durch allzu große Weichheit nicht in der Lage war, den Söhnen ein angemessenes Verhältnis zur Realität zu vermitteln. Die Beziehung zwischen dem Vater Moor und seinen Söhnen offenbart eine Krise der Familienstruktur, in der durch eine ständige Reduzierung der Bezugspersonen dem Vater eine ungeheuere Aufgabe zugewiesen wird. Friedrich A. Kittler beobachtet eine ähnliche Problemlage in Lessings Dramen:

> Die Kernfamilie, die schon Reduktion des ganzen Hauses ist, wird also noch einmal reduziert: Die Mutter entschwindet und wird der abstrakte Punkt, an dem Reproduktion der Gattung statthat; der Vater übernimmt alle Funktionen kultureller Reproduktion.[95]

In Lessings Drama *Nathan der Weise* übernimmt die besonders ausgezeichnete Titelfigur diese Rolle als Adoptivvater; in den *Räubern* versagt der leibliche Vater bei der Aufgabe, in einer abstrakten und prosaischen Gesellschaft den Söhnen die notwendige Orientierung zu geben, um sie zu starken Persönlichkeiten auszubilden. Die Folgen sind fatal: Franz verleugnet die Natur in sich selbst und identifiziert sich mit den repressiven Herrschaftsmechanismen der ihn umgebenden Gesellschaft, Karl schwankt zwischen der Sehnsucht nach einer unschuldigen Idylle und heroischen Allmachtsphantasien. Auch in diesem Fall erscheint, ähnlich wie bei Franz Moor, eine (in Schillers Äußerung anklingende) moralische Bewertung des väterlichen Verhaltens verfehlt. Die Schwäche des Vaters veranschaulicht vielmehr die Bedrohung natürlich-intimer Kommunikation in der verwalteten Welt des aufgeklärten Absolutismus.

Obwohl die Familie Moor als eine adelige präsentiert wird, manifestiert sich in ihr also die Problematik der bürgerlichen Kernfamilie, die in der sich modernisierenden Gesellschaft ihren Mitgliedern persönlich-intime Kommunikation und Orientierung vermitteln soll und will, dabei aber häufig an den festen Strukturen der Außenwelt scheitert. Die im Vergleich zu den Praktiken seines Sohnes humane Regierungsform des alten Moor setzt diesen durchaus ins Recht gegenüber dem aufgeklärten Despotismus der Epoche. Dies kann aber nicht darüber hinwegtäuschen, daß ihm Konzepte zur Bewältigung der veränderten Realität fehlen.

3.3.5
Spiegelberg: Gerechtigkeit für einen Rebellen?

Während die ältere Forschung die Gestalt Spiegelbergs durchweg ablehnte, haben neuere Interpretationen die ambivalente Bedeutung der Figur hervorgehoben. Spiegelberg ist derjenige, der die Gründung der Räuberbande anregt; er fühlt sich – ähnlich wie Franz Moor – durch Karls Führungsanspruch in ungerechtfertigter Weise zurückgesetzt. Er ist Jude und verkörpert messianische, chiliastische und ketzerische Traditionen.[96] Er verbindet die hochfliegenden Ideale Karls mit der manipulatorischen Menschenbehandlung Franz'. Aus Neid auf Karls Position will Spiegelberg den Räuberhauptmann umbringen und wird selbst ermordet; das wichtige Lied von Brutus und Cäsar wird von Karl Moor unmittelbar nach dem Tode des Rivalen gesungen. Vieles spricht dafür, daß die Figur Spiegelbergs zu einer früheren Schicht des Dramas gehörte, die das Räubertum eindeutiger als positiv zu bewertende Rebellion kennzeichnete, und daß Spiegelberg den Rebellen in der Tradition des Picaro verkörpern sollte:

> Ist von der Idee eines „Ur-Spiegelberg" auszugehen, dessen antinomisches Sektierertum für wahren Protest und Empörung stand? Angesichts ihrer Bedeutung für Verankerung und Entfaltung der Problematik des Stücks müssen das Fehlen adäquater Analyse der Spiegelberg-Gestalt, ihre Reduktion in der gedruckten Originalfassung und ihr fast beiläufiger Abgang überraschen. Es ist, als hätte sich der Autor von ihr distanzieren wollen, schlechten Gewissens – um das „Gesetz", die „Ordnung" um so glanzvoller herauszustellen.[97]

Bedenkenswert erscheint die Überlegung Scherpes, daß Spiegelberg die Figur ist, auf welche Schiller seine Rebellionsphantasien projizieren konnte, und daß die im Text zu findenden moralischen Abwertungen der Gestalt auf eine Art Selbstzensur des Autors hinauszulaufen scheinen. Spiegelberg könnte für die Konsequenzen einer radikalen politischen und gesellschaftlichen Opposition stehen, die den moralischen Grundsätzen des Bürgertums zuwiderlief und die eine Legitimation für eine Abwendung vom konkreten politischen Handeln vermittelte. Wenn es stimmt, daß der Räuberaufstand im Stück letztlich als verfehlt angesehen wird, so steht die Figur Spiegelbergs für beides: für die Problematik und die Faszination der Rebellion.

3.3.6
Zur Figurenkonstellation

Die *Räuber* sind zu allererst das Drama zweier feindlicher Brüder, die ihren Konflikt indirekt austragen und nie zusammen auf der Bühne stehen. Es gehört zu den besonderen Leistungen des jungen Dramatikers, dem aufmerksamen Beobachter zu verdeutlichen, daß sich die scheinbar so entgegengesetzten Charaktere Karls und Franz' in vielen Aspekten doch auch ähnlich sind. Als Söhne eines schwachen Vaters haben sie beide Sozialisationsdefizite, die sich inhaltlich unterschiedlich, strukturell aber doch analog auswirken: Der begünstigte hat wie der benachteiligte Sohn ein gestörtes Verhältnis zur Realität, und beide können ihren Defekt nur durch Herrschaftsansprüche kompensieren. „[...] wozu ich mich machen will, das ist nun meine Sache" (17), erklärt Franz und Karl äußert ganz analog: „Außendinge sind nur der Anstrich des Mannes – I c h bin mein Himmel und meine Hölle." (112) Karl ist – dem eigenen Anspruch zufolge – ein Kraftmensch, und Franz bezeichnet die geplante Manipulation des kranken Vaters im Stile der Sturm-und-Drang-Rhetorik als „Originalwerk" (40). Beide verwenden – wie gezeigt – das Bild des Schneckengangs, um die Verhältnisse zu bezeichnen, aus denen sie mit ihren Aktionen ausbrechen wollen. Franz läßt nach der (vorläufigen) Ausschaltung des Vaters seinen Herrschaftsambitionen freien Lauf, und Karl behandelt nach der durchaus zutreffenden Charakterisierung des nicht objektiven Spiegelberg seine Kampfgenossen wie „Leibeigene" (vgl. 107).

Was folgt aus diesen, von Schiller diskret, aber doch deutlich herausgearbeiteten Parallelen? Das gestörte Verhältnis zur Realität verwandelt sich in Herrschsucht und Terrorismus, wobei sich der idealistische Terrorismus des älteren von dem materialistisch-realistischen des jüngeren nur in der Argumentation, nicht aber in der Wirkung unterscheidet. Herrschsucht und Unterdrückung, Mord und Totschlag erscheinen als Kompensationen einer Kränkung, als Reaktion auf ein gestörtes Urvertrauen zur Wirklichkeit, die eine Konsequenz aus einer gestörten Beziehung zum Vater ist. Die eigentlich vaterlosen Söhne verfallen einer Praxis, in der keine Interaktion mit anderen Menschen gelingen kann und sie Kommunikation nur als einseitige Herrschaftsbeziehung realisieren können.

Aus dieser Konstellation heraus wird das Faszinosum verständlich, das Amalia für beide Brüder darstellt. Die empfindsame Liebe bietet ein Kommunikationsmodell, das auf Herrschaft verzichtet und eine zwanglose Interaktion ermöglicht. Franz und Karl haben sich aber durch ihre auf Herrschaft und Usurpation ausgerichtete Praxis den Zugang zu Amalias Welt versperrt; die junge Frau liebt zwar Karl, weil der idealistische Terrorismus von seinen Impulsen her der idealisierten Liebe näher steht als der strategische Materialismus des weniger liebenswürdigen Bruders. Dennoch verdeutlicht die Opferung Amalias, daß die Räuberrebellion Herrschaft und Tod gerade derjenigen bringt, die der Rebell liebt.

Wer ist der dritte außerordentliche Mensch, von dem Schiller in der Vorrede zur Schauspielfassung spricht (vgl. 3), Amalia oder Spiegelberg? Aufgrund der relativen Passivität der bis zur Selbstaufopferung Liebenden ist wohl doch der Räuberrivale gemeint. Dieser paßt in die Figurenkonstellation als Dritter neben Franz und Karl gut hinein, weil er sowohl die Utopien Karls wie auch die strategischen Manöver Karls *spiegelt* – ohne daß dies wie in der älteren Forschung ausschließlich negativ ausgelegt werden müßte. Deutliche Parallelen ergeben sich in den Konstellationen Karl – Franz und Karl – Spiegelberg. In beiden setzt sich Karl jeweils gegen den anderen durch, und das Handlungsmotiv beider Gegenspieler resultiert aus dem Gefühl, zu kurz gekommen zu sein – und war nicht die Gründung der Räuberbande Spiegelbergs Initiative zu „verdanken"?

Das Prinzip der Parallelisierung und Kontrastierung findet sich auch bei den Nebenfiguren. Hermann und Daniel stehen sich in folgender Relation gegenüber: als gewissenloser, später zwar bereuender Diener und als moralisch gefestigter Helfer. Sie finden ihre Parallelfiguren in Schufterle und Schweizer, dem gewissenlosen und dem treuen Räuber. Auch in dieser Konstellation wird die Ähnlichkeit der beiden feindlichen Brüder vor Augen geführt. Eine parallele Figurenführung ist auch bei den beiden Geistlichen festzustellen, dem Pater des zweiten und dem Pastor Moser des fünften Aktes. Hier agiert der eloquente, katholische Eiferer, der das Christentum zum Herrschaftsinstrument des Feudalismus herabwürdigt, dort der ebenso wortgewaltige protestantische Pfarrer, der die Lehre Jesu gegen Unterdrückung, Despotie und Egoismus ins Feld führt. Signalwert gewinnt dabei die geographische Bezeichnung Peru, die hier für die christlich verbrämte Repression gegen die Völker Lateinamerikas und dort für die despotische Herrschsucht des gottlosen Usurpators steht.

Der Eindruck verstärkt sich, daß Schillers Stück keine Aneinanderreihung selbständiger Szenen darstellt, sondern ein rational durchkonstruiertes Ganzes ist, in dem die einzelnen Teile eine klar bestimmbare Funktion haben. Der Verfasser wollte zweifellos suggerieren, daß der formalen Geschlossenheit eine inhaltliche entspreche, und damit die moralische Unbedenklichkeit des Stücks gewährleisten; dem heutigen Leser erscheint demgegenüber der inhaltliche Rest interessant, der die moralische „Überkonstruktion" doch nicht so plausibel wie gewünscht erscheinen läßt.

3.3.7
Dramenform und Handlungsverlauf

Ähnliche Schlußfolgerungen ergeben sich aus der Analyse von Dramenform und Handlungsverlauf. Die konventionelle Abfolge eines Dramas – Exposition, Intrige/Verwicklung, Peripetie/Anagnorisis, Katastrophe/Auflösung – läßt sich in den *Räubern* problemlos wiedererkennen. Entsprechend dem Charakter des Dramas der feindlichen Brüder haben wir es mit einer doppelten Exposition und demzufolge mit einer doppelten Auflösung zu tun: Die ersten beiden Auftritte des ersten und des letzten Aktes gehören jeweils Franz und Karl. In dieser zweifachen Exposition sind in meisterhafter Konzentration – obwohl Spiegelberg in I,2 ein großer Redeanteil zukommt – die Charaktere der beiden Brüder angelegt, aus der sich die Handlung unschwer entwickelt. Franz ist insbesondere in II,1 die prototypische Verkörperung des Intriganten, des höfischen Rationalisten, der aus dem Barockdrama bekannt ist und im bürgerlichen Trauerspiel seine für das achtzehnte Jahrhundert charakteristische Ausprägung erfahren hat. Amalias Empfindsamkeit und selbstlose Liebe bilden in wiederholender Reihung (I,3; II,2; III,1; IV,4; V,2) den radikalen Gegenpol. Den insbesondere für Karl Moor charakteristischen Antagonismus zwischen Melancholie und Aktionismus bildet das Drama durch den Wechsel zwischen handlungsgeladenen und ruhigen Szenen ab. Hinzu kommen Szenen, die teilweise parallel, teilweise kontrastierend in der freien Natur und im Schloß der Moors spielen. Die mit der Wiedererkennung (Anagnorisis) verbundene Peripetie wird in einer spannungssteigernden Reihung auf drei Szenen verteilt (III,1; IV,3; IV,5), wobei die von der Liebe und der Sehnsucht nach der verlorenen Unschuld geprägten Szenen als retardierende Elemente anzusehen sind. Die Parallelszenen des fünften Aktes zeigen mit ihrer doppelten Katastrophe noch einmal die bei aller Verschiedenheit bestehende Ähnlichkeit zwischen den beiden Brüdern, deren Ende nicht als tragisch erscheint, sondern als Konsequenz aus verfehlten Handlungsansätzen. Auch hier läßt die formale Geschlossenheit auf eine inhaltliche schließen. Die ältere Forschung hat sich an der vermeintlich überzeugenden äußeren Form des Dramas orientiert und den Handlungsverlauf als Theodizee gedeutet. Dieser apologetischen Tendenz sollte eine kritische Interpretation des Stücks nicht folgen. Denn das Irritierende der Position Franz Moors ist durch dessen Ende genausowenig beseitigt – seine letztliche Weigerung, im Gebet seine Kapitulation zu erklären, spricht unter anderem gegen eine solche Deutung –, wie mit Karls rein formaler Unterwerfung unter das Gesetz die bestehenden Verhältnisse oder eine Erneuerung der Väterordnung anerkannt werden. Der hermeneutische Reiz der Dramenkonstruktion scheint eher darin zu liegen, daß Schiller den Geist der Rebellion, die Selbstkritik von Aufklärung und Sturm und Drang sowie die Inszenierung der Genese moderner Subjektivität in eine Form zwängt, die den affirmativen Inhalten einer moralisch und an den Intentionen einer natürlichen Religion orientierten Aufklärung entspricht. Wie das Stück auf der inhaltlichen Ebene Herrschaft und Unterdrückung von Natur kritisiert, so führt es diese Problematik in einer Form vor, die ebenfalls eine Herrschaft über abweichende Normen intendiert. Indem der moderne Rezipient erkennt, welche Verluste mit der geschlossenen Dramenform verbunden sind, wird ihm deutlich, daß die im Stück gezeigten „Wunden" selbst durch moralische und dramentechnische Konstruktionen nicht zu heilen sind. Diese inhaltliche Offenheit des Stücks ermöglicht eine zusammenfassende Betrachtung, in der die verschiedenen Sinnebenen des Stücks analysiert werden, ohne dem Ideal einer Auflösung aller Konflikte gerecht werden zu wollen.

3.4
Die Sinnebenen des Dramas

Die verschiedenen Sinnschichten der *Räuber* werden im folgenden nacheinander auf einer individualpsychologischen, einer sozialgeschichtlichen und schließlich auf der Ebene einer allgemeineren Geschichte der Subjektivität rekonstruiert. Die Argumentation verläuft nach dem Gesetz einer steigenden Abstrahierung und behandelt auf jeder, vor allem aber auf der dritten Ebene verschiedene Aspekte. Es sei noch einmal darauf verwiesen, daß der Logik der Darstellung keine Sinnhierarchie entspricht, nach der eine Sinnschicht unter einer anderen subsumierbar wäre. Auf jeder der hier skizzierten Ebenen ist ein legitimer und sinnvoller Zugang zu Schillers Stück möglich.

3.4.1
Die individualpsychologische Sinnebene

Trotz aller häufig bemerkten Überzeichnung der einzelnen Figuren im Drama kann Schiller den Anspruch erheben, psychologisch plausibel typisierte Charaktere und Konstellationen darzustellen, so daß es möglich ist, Begründungen für die im Stück veranschaulichten Handlungen zu finden und eine vordergründige moralische Bewertung zu vermeiden.

Die Gestalt des Franz Moor illustriert eine Psychologie des Ressentiments, durch welche die Geburt des Verbrechens aus dem Kampf gegen ungerechtfertigte Benachteiligungen erklärbar wird. Die Exposition I,1 skizziert andeutungsweise die individualpsychologische Genese eines Intriganten, der einen tief sitzenden Minderwertigkeitskomplex mit strategischen Manövern zu bekämpfen sucht (vgl. S. 73 ff.). Dieser Kampf ist auf die Beherrschung der Natur angelegt, d. h. als zielgerichtete Manipulation des Körpers und der Gefühle desjenigen, der für die zugefügte Versagung verantwortlich ist, nämlich des Vaters. Der Versuch von Franz, mit natürlichen, d. h. spontanen, nicht strategisch eingesetzten Gefühlen, eine gelingende Interaktion aufzubauen (Liebe zu Amalia), wird mit Entschiedenheit zurückgewiesen. Diese Ablehnung bestärkt Franz, dieses angestrebtes Ziel durch Herrschaft zu erlangen.

Die aufklärerische Philosophie, welche diese Strategien ermöglicht, erweist sich auf der individualpsychologischen Ebene als ideologische Sanktionierung des Kampfes gegen die Natur, gegen das nicht vom Menschen Produzierte. Als Franz dann auf der politischen Ebene Handlungsmöglichkeiten erhält, überträgt er das Herrschaftsmodell auf die gesellschaftliche Ebene und wird zum Despoten. Der Panzer, den er sich zum Schutz gegenüber der Dimension des Natürlichen angelegt hat, zerbricht in dem Moment der Krise. Das sich dem Subjekt Entziehende erscheint in der Wiederkehr des Verdrängten als Bild der göttlichen Rache, des Jüngsten Gerichts. Franz repräsentiert die Psychologie des Ressentiments, das sich aufgrund fehlender emotionaler Zuwendung entwickelt. Franz erfährt das Irrationale als Bedrohung und Strafe und erkennt im Gedanken an den Tod die Grenze des naturbeherrschenden Subjekts.

Karl Moor ist demgegenüber der durch die väterliche Sozialisation scheinbar Begünstigte, der auf keinen Widerstand des Vaters stößt und als vermeintliches Glückskind die Welt als Ort einer umfassenden Wunscherfüllung ansieht. Heroische Spiele und die frühe Liebe zu Amalia lassen ihn die Welt als Kosmos erfahren, in dem alles auf seine Bedürfnisse und Handlungsmöglichkeiten zugeschnitten ist. Die Schüler- und Studentenzeit reißt ihn zwar aus diesem Kosmos heraus, bewirkt aber keine wirkliche Veränderung seines Realitätsbezuges, so daß er Regelverletzungen und „Ausschweifungen" als berechtigte Reaktionen auf Versagungen ansieht. Die Rebellion gegen das „Kastratenjahrhundert" resultiert aus der Differenz zwischen dem verlorenen Kosmos und den realen Handlungsmöglichkeiten, welche die Gesellschaft dem an Wunscherfüllung gewöhnten Jüngling bietet. Wie die Exposition I,2 zeigt, nimmt Karl die Versagungen nicht eigentlich ernst und erwartet eine baldige Rückkehr in den Kosmos der heroischen und empfindsamen Harmonie. Als diese Erwartung enttäuscht wird, nimmt er wie sein Bruder den Kampf gegen die „Natur" auf, der für ihn eine Auseinandersetzung mit einer frustrierenden gesellschaftlichen Realität ist. Dieser Kampf sprengt die realen Verhältnisse und setzt absolute Maßstäbe, die ihm das Recht zu verleihen scheinen, andere Menschen zu richten, wenn deren Verhaltensweisen den Normen nicht entsprechen.

Der letztlich illusionäre Aktivismus wird regelmäßig durch depressive Zustände abgelöst, in denen Karl seine Entlassung aus dem Kosmos der Wunscherfüllung betrauert. Sein Ende erscheint als Folge der notgedrungenen Anerkennung der Realität, für die er aufgrund seiner spezifischen Sozialisation nicht geschaffen war. Das von ihm verwendete religiöse Deutungsmuster, wonach er mit der Anerkennung der Ordnung einen neuen Kosmos herstellt, hat mit den realen Verhältnissen nichts zu tun. Während sein Bruder reale Herrschaft über die Natur praktiziert, intendiert sein Handlungsmodell ein idealistisches Ausblenden realer Verhältnisse und eine illusionäre Harmonie zwischen Individuum und Welt als Ort der Wunscherfüllung.

3.4.2
Die sozialgeschichtliche Sinnebene

Auf der sozialgeschichtlichen Sinnebene erscheint Karls Rebellion als eine Revolte gegen den modernisierten Feudalismus und den aufgeklärten Absolutismus. Die Paradigmen, an denen sich der Rebell orientiert (Plutarch, Hermann, Hektor, Brutus usw.), sind rückwärtsgerichtet und beschwören implizit das Bild einer Gesellschaft, in welcher der einzelne in seiner Person und seinen Handlungsweisen wirkungsvoll erscheint. Diese sozialgeschichtliche Ebene impliziert das aus der Sturm-und-Drang-Bewegung stammende Motiv des ganzen Kerls, des Kraftmenschen, des Originalgenies. Da Karls Rebellion von idealistischen Prinzipien ausgeht, stellt er weder die Frage nach einer Reform des zeitgenössischen gesellschaftlichen Systems noch die nach einer planmäßigen revolutionären Umwälzung. Es erscheint plausibel, wenn die moderne Forschung diesen mangelnden Bezug auf die konkrete deutsche Realität mit der Rückständigkeit der deutschen Entwicklung begründet, die adäquate, neue Handlungsstrategien gegen den aufgeklärten Absolutismus unmöglich erscheinen lassen. Die idealistische Opposition gegen die Verhältnisse ist aus dieser Perspektive als eine Position der Schwäche und nicht der Stärke anzusehen. Aus sozialgeschichtlicher Perspektive ist Karls Unterwerfung am Schluß des Stücks ein Beispiel für die praktische Wirkungslosigkeit der Opposition, die – ganz im Gegenteil – das System stabilisiert, anstatt es in Frage zu stellen.

Franz' Position stellt aus sozialgeschichtlicher Sicht eine kritische Selbstreflexion des bürgerlichen Denkens dar. Er verkörpert den paradoxen Fall, daß eine avancierte bürgerliche Philosophie zur Stabilisierung der feudal-absolutistischen Herrschaft verwendet (mißbraucht?) werden kann. In Franz' Figur spiegelt sich die bürgerliche Aufklärung, die sich die Befreiung des Menschen von der Unmündigkeit zum Ziel gesetzt hat, aber zur Zementierung dieser Unmündigkeit mißbraucht wird. Die vermeintliche Widerlegung von Franz' Position durch den Rückgriff auf religiöse Vorstellungen kann diese Aporie nicht auflösen, weil die bürgerliche Vernunft auf Befreiung und Selbstbestimmung und nicht auf Heteronomie hin angelegt war.

Aus sozialgeschichtlicher Perspektive artikulieren die *Räuber* also eine Krise des bürgerlichen Denkens, die auch durch die mächtigen rousseauistischen Impulse des Stücks nicht überwunden wird. Bezogen auf natürliche Gleichheit unter den Menschen und eine unmittelbare, „natürliche" Interaktion entbehren sie jeglicher gesellschaftlicher Basis. Die rousseauistisch angereicherte Empfindsamkeit kann dieses Vakuum nicht füllen, weil sie privatistisch ist und notgedrungen auf transzendente Bezüge hin ausgerichtet erscheint.

3.4.3
Die Sinnebene einer Geschichte der modernen Subjektivität

Die individualpsychologische und die sozialgeschichtliche Sinnebene vermögen trotz ihres konkreten Bezugs auf den historischen Kontext des Dramas dessen spezifische Sinnangebote an heutige Leser nicht hinreichend zu erklären. Dies gelingt nur dann, wenn auf der abstrakteren Ebene die dargestellten Konflikte als Symptome einer Geschichte der modernen Subjektivität verstanden werden. Einen wichtigen Schlüssel für ein solches Verständnis liefert die schon häufig zitierte *Dialektik der Aufklärung* von Horkheimer und Adorno. Die moderne Subjektivität, die sich gegen Fremdbestimmung durch Mythos und Natur zur Wehr setzt, schlägt demnach um in den Herrschaftsmechanismus einer instrumentellen Vernunft, der die Natur unterdrückt und Kommunikation nur noch als Herrschaft begreifen kann. Dieses abstrakte Herrschaftssystem basiert auf Verdinglichung der menschlichen Beziehungen und umfassender Entfremdung.

Sowohl Schillers Konzeption einer ästhetischen Erziehung als auch Adornos Rückzug in die ästhetische Theorie sind Ausdruck einer tiefgreifenden Skepsis gegenüber der Option, die real existierende Verdinglichung und Entfremdung durch gesellschaftliche Veränderungen zu bekämpfen. Die Figur des Franz Moor steht für die Pathogenese der modernen Subjektivität, die sich einem Rationalitätskonzept unterwirft, das Herrschaft und Unterdrückung, nicht aber Befreiung impliziert. Der Einzelne kann der Unterdrückung nur scheinbar entgehen, indem er sich an ihr aktiv beteiligt und damit Selbstbehauptung zum Zweck des Daseins erklärt. Daß sich die unterdrückten Impulse nicht verdrängen lassen und als irrationale Schreckensbilder die Herrschaft über das Subjekt erlangen, zeigt die Entwicklung von Franz.

Die Figur des Karl Moor repräsentiert das moderne Subjekt in der Rebellion gegen die abstrakte Ordnung der verdinglichten und entfremdeten Welt. Durch ihn werden zugleich Legitimität und Gefährdung dieser Revolte evident, die ständig der Versuchung unterliegt, sich mit archaischen Mustern zu identifizieren und sich damit gegenüber der instrumentellen Vernunft ins Unrecht zu setzen.

Diese unterschiedlichen Ansätze, die eine heutige Interpretation der *Räuber* herausarbeiten kann, sind für unsere Zeit von einer bestürzenden Aktualität; aus ihnen ergeben sich weitere Aspekte einer auf heutige Verhältnisse angewandten Sinndimension. Diese sind mit anderen Kategorien als denen von Horkheimer/Adorno im folgenden zu beschreiben.

Solche Kategorien finden wir zum Beispiel im Werk von Lacan, dem französischen Psychoanalytiker (1901–1981). Er definiert den Zustand des „Begehrens" als einen Konflikt zwischen der symbiotischen Mutter-Kind-Beziehung und der Integration durch den Vater („Nom/Non du Père" – der Name und das Nein des Vaters):

> Der Vater als symbolischer – d. h. als differentielles Element eines strukturalen Komplexes bzw. als Repräsentant der Ordnung der Familie, des Inzesttabus, der symbolischen Ordnung – führt zur Separation von Mutter und Kind; dieser „symbolische" Vater fungiert [...] als genealogisches Zeichen der Barriere zwischen den Generationen und den Geschlechtern [...].[98]

Worin liegt diese Form des Begehrens begründet?

[...] das vom anderen („l'autre") abgespaltene Subjekt ist fortan ein Ich, das durch einen Mangel charakterisiert ist; den Verlust der imaginären Einheit mit der Mutter.[99]

Eine geglückte Sozialisation wäre nur dadurch gesichert, daß das sich ausbildende Ich den Austritt aus der imaginären Einheit mit der Mutter akzeptiert und seine Sinnansprüche innerhalb der durch den Vater konstituierten „symbolischen Ordnung" befriedigt:

Die Präsenz des Vaters, durch den Phallus symbolisiert, lehrt das Kind, daß es einen durch den Geschlechtsunterschied, durch Ausschluß (es kann nicht der Sexualpartner seiner Eltern werden) und durch Abwesenheit (es muß seine frühere Bindung an den Körper der Mutter aufgeben) definierten Platz in der Familie einnehmen muß. Es gelangt zu der Erkenntnis, daß seine Identität als Subjekt von den Unterschieds- und Ähnlichkeitsbeziehungen zu den umgebenden Objekten konstituiert wird. Indem es all dies akzeptiert, bewegt sich das Kind vom imaginären Raster zu dem, was Lacan die ‚symbolische Ordnung' nennt: die vorgegebene Struktur der Gesellschafts- und Geschlechterrollen und der Beziehungen, aus denen die Familie und die Gesellschaft besteht.[100]

An diesem Punkt läßt sich der Bezug zu Schillers Karl Moor herstellen und zu dem, was wir als Pathogenese der modernen Subjektivität bezeichnen. Das Verhältnis zum Vater erweist sich als Schnittstelle individualpsychologischer Entwicklung und gesellschaftlicher Sozialisation, so daß eine erfolgreiche Konfliktbewältigung mit dem Vater für Karl ein „realistisches" Verhältnis zur Gesellschaft und damit zur intersubjektiven Kommunikation sowie zum öffentlichen Handeln zur Folge hätte. Das Pathologische der Situation des modernen Subjekts besteht nun darin, daß die (schwach gewordene) Autorität des Vaters auf der individuellen Ebene und der Bereich der gesellschaftlichen Normen und Institutionen auseinanderklaffen. Der schwache Vater kann dem rebellierenden Heranwachsenden nicht von der Notwendigkeit des Verzichts auf die imaginäre Wunscherfüllung überzeugen; die Gesellschaft erscheint als monolithischer Block, der nur Frustrationen bereitet und keine Möglichkeiten bereithält, die Sinnansprüche des Individuums zu befriedigen. Gegen die so als nicht veränderbar erfahrenen Zustände kann der Einzelne nur in ebenso abstrakter Form rebellieren. Oder er sieht sich – wie Karl – gezwungen, sich in die schützende imaginäre Einheit mit dem Mütterlichen zurückzuziehen, was aber mit einem umfassenden Realitätsverlust einhergeht (Dialektik von Rebellion und Melancholie).

> Das Kind muß sich nun mit der Tatsache abfinden, daß es niemals über einen d i r e k t e n Zugang zur Realität verfügen kann, besonders nicht zum nunmehr verbotenen Körper der Mutter. Aus diesem „vollen", imaginären Besitz ist es in die „leere" Welt der Sprache vertrieben worden. [...] die „metaphorische" Spiegelwelt ist der „metonymischen" Welt der Sprache gewichen. Entlang dieser metonymischen Signifikantenkette entstehen Bedeutungen oder Signifikate; aber keine Sache und keine Person kann jemals in dieser Kette vollständig „präsent" sein [...].[101]

Diese Beobachtung kann man auch in anderen Werken aus dieser Zeit feststellen. Was Karl Moor ebenso wie z. B. auch Goethes Werther nicht gelingt – und was beide in diesem Sinne zu typischen Sturm-und-Drang-Helden macht –, soll Wilhelm Meister in Goethes zweitem Roman lernen: einsehen, daß die Gegenstände und Personen der realen Welt keine Möglichkeiten bieten, eine „absolute" Sinnerfahrung zu machen. Wirkliche Fülle gibt es nur im imaginären Elysium der Kindheit, zu dem kein Weg zurückführt – und im Tod, auf den z. B. Amalias Liebe in den *Räubern* konsequenterweise bezogen ist. Das Räuberdrama thematisiert beide Aspekte: die Trauer und den Verlust des „ganzen" Sinnes und die Einsicht in die Aussichtslosigkeit des Versuchs, diese Sinntotalität in der modernen Welt zu realisieren. Damit tritt in der theatralischen Handlung die Frustration über die Begrenzungen des modernen Subjekts in fulminanter Weise zutage, ohne daß eine unmögliche Überwindung der Realität postuliert würde. Die moderne Struktur des Begehrens (nach Lacan), die Schiller unter dem Titel des Sentimentalischen abhandelt, läßt sich mit den Termini der „strukturalen Psychoanalyse" rekonstruieren:

> Diese potentiell unendliche Bewegung von einem Signifikanten zum nächsten ist es, die Lacan mit Begehren meint. Alles Begehren entspringt einem Mangel, den es kontinuierlich zu stillen sucht. Die menschliche Sprache funktioniert auf Grund eines solchen Mangels: der

Abwesenheit der realen Objekte, die sie bezeichnet, und der Tatsache, daß Worte nur kraft der Abwesenheit und des Ausschlusses andere Bedeutung haben. Mit dem Eintritt in die Sprache wird man somit zu einer Beute des Begehrens: die Sprache, bemerkt Lacan, ist das, „was das Sein in Begehren aushöhlt".[102]

Karl kann sein Begehren nicht in Konfrontation mit der „symbolischen Welt" (verkörpert durch den Vater) stillen. Er will zurück in die imaginäre Einheit mit der Mutter. Das Mütterliche fehlt zwar als personales Element im Drama, ist aber in Naturbildern – böhmische Wälder, Gegend an der Donau – und in Regressionsphantasien präsent. „Daß ich wiederkehren dürfte in meiner Mutter Leib" (82), erklärt Karl im Angesicht der mütterlichen Natur, deren Fruchtbarkeit er beschworen hat: „Die Bäume brechen fast unter ihrem Segen. – Der Weinstock voll Hoffnung." (80) Das verlorene Paradies der Kindheit erscheint aus dieser Perspektive als Teil einer nicht mehr zu stillenden Sehnsucht: „O all ihr Elysiumsszenen meiner Kindheit! – Werdet ihr nimmer zurückkehren – nimmer mit köstlichen Säuseln meinen brennenden Busen kühlen?" (82) Das hier verwendete Bild verweist auf das von Lacan analysierte Spiegelstadium, in welchem das sich als unvollkommen, zerstückelt erfahrene Kind im Spiegelbild eine imaginäre Einheit lustvoll erlebt. Die Räuberrebellion läßt sich als der aussichtslose Versuch interpretieren, unter Umgehung der symbolischen Ordnung im Gewaltstreich die verlorene imaginäre Einheit wiederherzustellen:

O ich wollte mich abmühen, daß mir das Blut von den Schläfen rollte – mir die Wollust eines einzigen Mittagsschlafs zu erkaufen – die Seligkeit einer einzigen Träne. (82)

Die Tötung Amalias stellt die von ihr schon lang herbeigesehnte Einheit her, die im Leben (in der Welt der symbolischen Ordnung) nicht (mehr) zu erlangen ist. Im Tode Amalias vollendet sich die Geschichte von Karls Begehren, die von der zu schwachen Autorität des Vaters ihren Ausgang nahm: „Die Liebe des Vaters produziert das Genie des Sohns, das seinerseits den Sohn ‚für den Reiz von Größe und Schönheit' an der Nichte bzw. ‚Tochter' des Vaters ‚empfindlich macht'. So wird dem Sohn ‚die ganze Welt e i n e Familie', endogames ‚Elysium' ohne Befehl noch Gesetz"[103], so die Deutung Friedrich A. Kittlers, der die „lacanistische" Interpretation konsequent auf die *Räuber* bezieht. Auch in dieser Hinsicht lassen sich Parallelen zu Goethes *Werther* feststellen, der ähnlich wie Karl leidet:

> Psychotische Krankheiten [...] entstehen, der Lehre Lacans zufolge, aus einer ‚Verwerfung‘ (fr. ‚forclusion‘) des Namens des Vaters durch die Mutter. Infolge dieser Nichtanerkennung des [sic!] im Namen des Vaters symbolisierten Ordnung wird im Bedeutungssystem des Kindes eine Lücke klaffen, die es haltlos an die imagines der mütterlichen Allmacht ausliefert.[104]

Die „matriarchale Codierung des Begehrens“ zeigt sich bei Werther in der Liebe zur mütterlichen Lotte, aber auch in der Todessehnsucht, die eine Form des Strebens nach der verlorenen Einheit darstellt.

Eine mögliche Parallele zwischen Werther und Karl könnte außerdem in den Leidensgeschichten beider Figuren liegen, die an die Passion Christi erinnern:

> Für Werther hat die Passionsgeschichte ihre verbindliche Funktion und ihre konsolatorische Kraft verloren und ist disponibel geworden für die emphatische Darstellung seiner eigenen Leiden. In den Worten Christi am Kreuz [...] spiegelt er den Komplex, an dem er selber leidet: das Fehlen des Vaters und den eigenen Weltverlust.[105]

Ähnliches gilt für Karl Moor, der mit den Worten „Bald – bald ist alles erfüllet“ (109) die imaginäre Vereinigung mit dem idealen Vater herbeiwünscht. Seine Unterwerfung unter die (gesetzliche) Ordnung aus seiner eigenen Phantasie heraus kann als imaginäre Vereinigung mit Gottvater verstanden werden.

Der Rückbezug dieser psychoanalytischen Deutung auf die Pathogenese der modernen Subjektivität zeigt den Rebellen Karl Moor als Paradigma einer problematischen Stellung des sich bildenden modernen Subjektes gegenüber einer Ordnung, die mithilfe der instrumentellen Vernunft und einer damit verbundenen Disziplinierung der Natur innerhalb und außerhalb des Menschen die einzelnen Subjekte zu konditionieren sucht. Die Brüder Franz und Karl Moor repräsentieren die einander entgegengesetzten pathologischen Ausprägungen moderner Subjektivität, die jeweils als Extrempositionen des „realistischen“ und „idealistischen“ Bewußtseins in der Moderne durch Überanpassung oder Realitätsverlust gekennzeichnet erscheinen. Wenn hier von Pathologie gesprochen wird, so heißt dies allerdings nicht, daß es sich um Ausnahmen oder irrelevante Abweichungen handelt; vielmehr stellen die skizzierten Pathologien sozusagen einen durchschnittlichen Normalfall des modernen Bewußtseins dar, das ein „gesundes" Maß nicht mehr zu kennen scheint.

Die Figur Franz Moors verkörpert in diesem Zusammenhang den Typus der modernen Rationalität, die psychologische Einsichten für ihr Herrschaftswissen verwendet und mit dem Interesse am Individuum nicht dessen Befreiung, sondern gerade dessen Disziplinierung intendiert. Der Bezug zu Michel Foucaults Beschreibung der modernen Vernunft und deren Leitwissenschaft Psychologie liegt hier nahe:

> Die Entdeckung der Seele im 18. Jahrhundert wird von Foucault demzufolge als Machtstrategie der Moral (Stichwort: Tugendbegriff der Aufklärung) zur völligen Unterdrückung des Körpers mit seinen noch nicht kanalisierten Bedürfnissen interpretiert. [106]

In Franz hat sich die moralisierende Tendenz der Aufklärung zugleich umgekehrt und radikalisiert: Die Beherrschung des Menschen ist nicht mehr moralisch intendiert, das psychologische Wissen wird vielmehr dazu benutzt, andere Menschen ohne äußerliche Gewaltanwendung zu dem gewünschten Handeln zu bewegen.

Friedrich A. Kittler weist auf die Parallelen zwischen dieser Praxis, den Erziehungsprinzipien der Karlsschule und bestimmten dramentheoretischen Positionen Schillers hin. [107] Alle drei stimmen in der Tat darin überein, daß eine Beeinflussung des jeweiligen Gegenüber nicht durch Repressalien, sondern durch eine subtile Strategie erreicht wird, die eine spontane und aus dem „Innern" kommende Verhaltensänderung bewirkt:

> Das Theater fungiert wie die Hohe Schule, die seinen Autor produziert hat. Der psychologische Spion, der bei seinen Gegenspielern ‚neugefundene Räder in dem unbegreiflichen Räderwerk der Seele' beobachtet bzw. in Bewegung setzt [d. h. Schiller, M. H.], untersteht der Kontrolle eines zweiten Spions, der das Räderwerk auch seiner Seele beobachtet bzw. in Bewegung setzt [der Herzog als „Vater" der Karlsschüler, M. H.]. So wird das Theater zur ‚moralischen Anstalt'. [108]

Diese Deutung unterschlägt den „rebellischen" Gehalt der *Räuber*, die durchaus pathetische Wendung gegen die starre „symbolische Ordnung", die in den Herrschaftsstrukturen des aufgeklärten Absolutismus als starr und inhuman erscheint. Die durchscheinende Faszination am „großen Verbrecher" repräsentiert den anarchischen Impuls des jungen Schiller, der den Zuschauer mit den Tiraden Karl Moors, aber auch mit den Umtrieben Spiegelbergs an einer fast rauschhaften Opposition gegen die rationale Ordnung teilhaben läßt. Wenn das Räuberdrama gleichzeitig das Scheitern der Räuberrebellion zeigt, so ist damit keine Legitimation der herrschenden Ordnung verbunden; es wird nur offensichtlich, daß der Rückbezug auf die imaginäre Einheit keine praktische Handlungsoption darstellt. Diese Einsicht des Stücks ist wiederum im positiven Sinne und mit Bezug auf die Verhältnisse in Deutschland realistisch, an die Stelle der konkreten politischen Opposition tritt die imaginäre Rebellion im literarischen Kunstwerk. Der klassische Schiller wird die Opposition zwischen Unfreiheit im geschichtlichen Handeln und Befreiung durch die Kunst nicht aufgeben. Er wird lediglich das Kunstwerk einer neuen Ordnung unterstellen, welche die imaginäre und regressive Einheit mit dem Vorsymbolischen hinter sich läßt und nach einer neuen Synthese strebt, die auf einer höheren Stufe eine Verbindung des Imaginären und Symbolischen sucht. Dann wird die vorsymbolische Einheit mit dem Namen „Arkadien" belegt und der Terminus „Elysium" für die Harmonie der neuen Synthese reserviert werden.

Kittlers unzureichende Deutung der *Räuber* folgt einer bestimmten Tendenz im Denken Foucaults, die Literatur als Diskurs im Rahmen eines Machtzusammenhangs deutet, der psychologische Einsichten zur Herrschaft über die von der neuen Wissenschaft gerade erst konstituierten Individuen benutzt. Demgegenüber findet sich insbesondere in Foucaults Äußerungen zur Literatur der Moderne eine entgegengesetzte Position:

> Die hier vertretenen Thesen über die besondere Rolle der Literatur innerhalb der Kultur der Moderne lassen diese keineswegs als bloßen Reflex eines wie auch immer gearteten Wissens erscheinen, sondern verorten sie vielmehr auf einer *Gegenposition* zu den herrschenden wissenschaftlichen und philosophischen Diskursen der Moderne.[109]

In dieser Hinsicht ist Schillers Stück durchaus im Vorgriff auf Nietzsche in Richtung einer Dekonstruktion rationaler Denk- und Ordnungsprinzipien zu verstehen sowie eines Plädoyers für die „inkommensurable" Natürlichkeit und die sich jeder Disziplinierung entziehende Subjektivität. Im Sinne einer Geschichte der modernen Subjektivität artikuliert Schiller den Anspruch, jenseits aller abstrahierenden Denkmechanismen das Irreduzible der einzelnen menschlichen Existenz zu bewahren, das mit herkömmlichen Rationalitätsvorstellungen nicht erfaßt werden kann. So kann der Gehalt der *Räuber* aus heutiger Sicht mit den wesentlichen Intentionen einer nicht irrationalistisch verstandenen Postmoderne in Verbindung gebracht werden: „[...] die postmoderne Philosophie vollzieht [...] genau das, wozu Nietzsche [...] auffordern wollte: die Übersteigung der restriktiv gewordenen Rationalität durch eine erneute Berücksichtigung des Inkommensurablen."[110]

Was ist mit dem hier verwendeten Terminus des „Inkommensurablen" gemeint? Wenn wir auf die in dieser Interpretation herangezogenen Erklärungsmuster zurückgehen, so läßt sich feststellen, daß die Reduzierung des menschlichen Seins auf die „instrumentelle Vernunft" (Horkheimer/Adorno) und auf eine starre „symbolische Ordnung" keinen besonnenen Bezug zu den nur relativen Bedeutungen der sprachlich strukturierten Welt ermöglicht (Lacan) und deshalb Auslöser für die Rebellion ist. Kennzeichnend für das von Schillers Räuberdrama implizit postulierte Denken ist ein ästhetischer Bezug, der die Begrenzungen eines bornierten Rationalismus überwindet und von der Überzeugung geleitet ist,

[...] daß ästhetisches Denken gegenwärtig das eigentlich r e a l i s t i - s c h e ist. Denn es allein vermag einer Wirklichkeit, die – wie die unsrige – wesentlich ästhetisch konstituiert ist, noch einigermaßen beizukommen. Begriffliches Denken reicht hier nicht aus, eigentlich kompetent ist – diagnostisch wie orientierend – ästhetisches Denken. Ausschlaggebend für diese Veränderung in der Kompetenz eines Denktypus – für diese Verlagerung von einem logozentrischen zu einem ästhetischen Denken – ist die Veränderung der Wirklichkeit selbst.[111]

Grundzüge dieses ästhetischen Denkens artikulieren sich in den *Räubern* jenseits von Gut und Böse als Elemente eines Theaters des Gefühls, aber auch eines Theaters der Grausamkeit. Die Faszination wird am großen Verbrecher nur notdürftig durch eine sophistische moralisierende Reflexion relativiert. Sie belegt die positive Bewertung der Intensität des Erlebnisses, die dem ungehemmten Ausdruck der Subjektivität und der Rebellion gegen die „symbolische Ordnung" entspricht. Das häufig bemerkte Infantile der Räuberphantasien und das mitunter als befremdlich angesehene Pathos des Dramas beruhen nicht zuletzt auf dieser Inszenierung von Subjektivität als Selbstzweck. Gegenüber der Ordnung einer „verwalteten" Welt hilft weder die Regression in eine verlorene Kindheit noch die Imitation eines heroischen Handlungsmodells – es bleibt in dieser zugespitzten Perspektive nur die anarchische Expressivität des fühlenden und wütenden Subjekts. Dieses jenseits aller moralischen Normen in Szene gesetzte Ausleben subjektiver Gefühlsrebellion gehört der moralischen Überkonstruktion zum Trotz auch zu den *Räubern*, die Kittler nur sehr oberflächlich andeutet, wenn er sie als Bestätigung der Herrschaftsinteressen eines Franz Moor im Dienste der Moral auffaßt.

In der Nachfolge stehen Autoren wie Büchner, Nietzsche, Wedekind, Peter Weiss und Heiner Müller dem jungen Schiller näher als zum Beispiel Hochhuth, welcher versucht, den restringierten Begriff vom Theater als moralischer Anstalt neu zu beleben.

Unterziehen wir aber die *Räuber* einer kritischen Betrachtungsweise, so können wir das Stück als Paradigma der Geschichte einer modernen Subjektivität verstehen, in deren Wirkungskreis wir heute noch stehen und deren Problematik uns weiterhin beschäftigen wird.

Unterrichtshilfen

1
Didaktisch-methodische Überlegungen

Schillers *Räuber* gehören zu den meistgelesenen Dramen im Unterricht der Sekundarstufen I und II. Die Thematik des Stückes spricht die Schülerinnen und Schüler in besonderem Maße an, weil die Problematik der Rebellion gegen die Väter und gegen die gesellschaftliche Ordnung überhaupt Jugendliche in ihren eigenen Sorgen und Nöten betrifft. Bedeutsam erscheint darüber hinaus die Radikalisierung dieser Problematik durch Karl Moors ausdrückliche Wendung gegen die Gesetze, die sicherlich manchen Vorstellungen der Schüler entgegenkommt. Die emotionale Betroffenheit, die Schiller mit seinem Drama erzeugen will, sollte im Unterricht für einen motivierenden Einstieg genutzt und nicht durch zu frühe Distanzierung (Historisierung, Relativierung der rebellischen Impulse des Stückes) eingeschränkt werden.

Der emotionale Zugang zum Text soll für eine intensive Textarbeit genutzt werden, so daß mit den Schülern zunächst eine Interpretation des Textes selbst erarbeitet wird (textimmanent). Erst danach sollen Aspekte der Form und der Sprache sowie abstrahierende Deutungen behandelt werden. Wenn sich herausstellen sollte, daß trotz der im Prinzip günstigen Voraussetzungen die Fremdheit des Textes überwiegt und das Schillersche Pathos doch eher befremdlich, vielleicht sogar unfreiwillig komisch erscheint, so sollte der Lehrer die Schüler auffordern, den Stellenkommentar der Reclam-Erläuterungen zur Erklärung heranzuziehen. Das Bändchen enthält neben ausführlichen Erläuterungen zum Text Informationen über die Entstehung und Fassungen des Stücks sowie Auszüge aus der Sekundärliteratur, unter anderem von Benno von Wiese und Hans Schwerte, die für die Unterrichtseinheit 4 verwendet werden können.

Nach der eigentlichen Interpretation sollte der Versuch unternommen werden, einen neuen Zugang zu dem gesamten Text zu gewinnen: Dies kann durch eine gespielte Gerichtsverhandlung oder durch den Versuch einer Übertragung des Dramas in die heutige Zeit geschehen.

Der „unmittelbare" Zugang zu dem Stück schließt eine Erarbeitung des sozialgeschichtlichen Kontextes nicht aus. Die Schüler können anläßlich des Stückes Kenntnisse aus dem Geschichtsunterricht über den aufgeklärten Absolutismus und die Französische Revolution (und die parallele Situation in Deutschland) einbringen und die Stellung des Stückes zu den zeitgeschichtlichen Verhältnissen erforschen. Die Schüler können in diesem Zusammenhang die Epoche des Sturm und Drang als innerbürgerliche Revolte und die immanente Kritik, die Schiller mit seinem Stück an dieser Konzeption übt, an einem konkreten Beispiel kennenlernen.

Sie können außerdem im Sinne einer Einführung in die Rezeptions-
ästhetik erfahren, daß sich das Verständnis eines literarischen Textes im
Laufe des geschichtlichen Prozesses ändert und daß spätere Rezipienten
neue Dimensionen aus einem Text herauslesen können, die dem Verfasser
und seinen Zeitgenossen gar nicht bewußt sein konnten.

Anhand Schillers Stück können die Schüler darüber hinaus mit Techniken
der Dramenanalyse sowie mit der Differenzierung „offene vs. geschlossene
Form des Dramas" vertraut gemacht werden. Dabei wird ihnen gleichzeitig
bewußt, daß schematische Gleichsetzungen von Form und Inhalt problematisch sind (eher geschlossene Form bei „offenem" Inhalt).

Die Analyse der verschiedenen Sinnebenen des Dramas kann die Schüler
mit der Tatsache vertraut machen, daß ein literarischer Text verschiedene
Deutungen ermöglicht, ohne daß diese zu einer „richtigen" Gesamtinterpretation zusammengefaßt werden können. Lernziel ist hier vor allem zu
zeigen, daß die *Räuber* das Scheitern einer Rebellion veranschaulichen und
daß damit trotzdem der rebellische Impuls nicht „widerlegt" ist. Darüber
hinaus bietet (nur guten Leistungskursen!) die Forschungsanlage die Möglichkeit, eine Einführung in die germanistische Methodendiskussion zu
versuchen (Geistesgeschichte, Textimmanenz, sozialgeschichtliche und
psychoanalytische Ansätze).

Schließlich bietet das Stück einen Zugang zu dem Werk Schillers, der
diesen nicht als Klassiker und Moralisten, sondern im positiven Sinne als
Pathetiker und als Theatraliker erscheinen läßt und vielleicht so neugierig
auf andere Werke macht.

2
Unterrichtsreihen

Im Gegensatz etwa zu *Kabale und Liebe* stehen die *Räuber* nicht in einer
Reihe von zusammengehörigen Dramen. Deshalb muß die Einbindung in
Unterrichtsreihen jeweils einen bestimmten Aspekt berücksichtigen. Im
folgenden werden einige Vorschläge gemacht:
a) Thema: Individuum und gesellschaftliche Ordnung (spätes 18. Jahr-
   hundert)
   Lenz: *Der Hofmeister*
   Schiller: *Die Räuber*
   Goethe: *Faust*
b) Thema: der junge Schiller
   Lyrik
   Die Räuber, Kabale und Liebe
   Der Verbrecher aus verlorener Ehre

c) Thema: Sturm und Drang
Goethe: Lyrik (*Prometheus* u. a.)
Goethe: *Die Leiden des jungen Werthers*
Goethe: *Götz von Berlichingen*, Schiller: *Die Räuber*
d) Thema: offene und geschlossene Form des Dramas
(18. Jahrhundert)
Lessing: *Emilia Galotti*
Goethe: *Götz von Berlichingen*
Schiller: *Die Räuber*
Goethe: *Iphigenie auf Tauris/Torquato Tasso*
d) Thema: Kriminalität in der Literatur
Schiller: *Die Räuber*
Kleist: *Michael Kohlhaas*
Büchner: *Woyzeck*
Brecht: *Die Dreigroschenoper*
e) Thema: das rebellische Individuum in der Moderne
Schiller: *Die Räuber*
Büchner: *Dantons Tod*
Brecht: *Baal*
Hesse: *Der Steppenwolf*
f) Thema: Jugend, Väter, Söhne (Männerbilder)
Schiller: *Die Räuber*
Musil: *Die Verwirrungen des Zöglings Törleß*
Wedekind: *Frühlings Erwachen*
Hasenclever: *Der Sohn*
Bronnen: *Der Vatermord*

3
Unterrichtssequenz

Die vorgestellte Unterrichtssequenz legt zunächst den Schwerpunkt auf
eine textimmanente Analyse des Stücks. Sie räumt der Primärrezeption
durch die Schüler/innen einen hohen Stellenwert ein und setzt eine solide
Textkenntnis voraus (UE 1). Danach schließt sich eine Einführung in die
Dramenanalyse an und eine Diskussion der Kategorien „offene und geschlossene Form des Dramas" (UE 2). Dieser Teil der Sequenz kann
deutlich verkürzt werden, wenn die *Räuber* in eine Reihe zur Dramenform integriert werden (vgl. 2). Wichtig ist, daß die Schüler erkennen, daß
die formale Analyse nicht Selbstzweck ist, sondern auf die inhaltliche Interpretation und die Wirkungsintention des Stücks bezogen werden muß.
Eine solche Behandlung der *Räuber* erfordert die Fähigkeit zur differen-
zierten Reflexion, weil ein gewisser Widerspruch zwischen den formalen
und den inhaltlichen Kategorien herauszuarbeiten ist. Die Schüler sollen

nachvollziehen, daß die literarische Form auch zu einer Verschleierung inhaltlicher Widersprüche verwendet werden kann.

Anschließend folgt die eigentliche inhaltliche Interpretation des Stücks, die sich mit der Figurenanalyse und der Figurenkonstellation befaßt (UE 3). Im Grundkurs kann diese Unterrichtseinheit die Sequenz mit einer zusammenfassenden (aber nicht die Widersprüche verdeckenden) Interpretation abschließen.

Wenn Schillers Stück in der Sekundarstufe I behandelt wird, kann die aus den ersten drei Unterrichtseinheiten bestehende Sequenz durch eine Konzentration auf die Textanalyse und einen Verzicht auf die Behandlung des Komplexes der offenen und geschlossenen Form des Dramas auf zehn Stunden verkürzt werden. Die Sequenz des Grundkurses käme inklusive der ersten drei Unterrichtseinheiten auf einen Umfang von zwölf Stunden.

Im Leistungskurs soll sich im Sinne einer literaturwissenschaftlichen Propädeutik eine Analyse der verschiedenen Sinnebenen des Dramas anschließen, die zugleich eine Einführung in die Methodendiskussion bieten kann. Inwieweit poststrukturalistische Ansätze in die Diskussion integriert werden können, ist von den Voraussetzungen, die die Schüler mitbringen, abhängig. In leistungsstarken Kursen dürfte es möglich sein, die vielleicht aus anderen Zusammenhängen bekannte Theorie Freuds (Lehre von Ich, Es und Über-Ich) im Hinblick auf die Analysen Lacans zu erweitern (symbolische und imaginäre Ebene, das Begehren und der „Name des Vaters") und diese auf die *Räuber* zu übertragen. Die für den Leistungskurs reservierte Unterrichtseinheit folgt sinngemäß den Überlegungen, die Clemens Kammler zur Integration neuerer Literaturtheorien in die Behandlung Kafkas angestellt hat.[112] Wie die Interpretation gezeigt hat, eignen sich Schillers *Räuber* als Grundlage zu einer Übersicht über die verschiedenen methodischen Ansätze. Auch hier gilt selbstverständlich, daß die komplexen Zugänge nur auf der Basis einer soliden Gesamtinterpretation eingeführt werden können. Das Schichtenmodell der Textanalyse zeigt deutlich, daß die Interpretation der strukturalen Psychoanalyse nach Lacan auf der psychologischen Deutung des Stücks aufbaut und vor allem eine Vertiefung der Interpretation der Figur Karls darstellt.

Die Unterrichtssequenz folgt im wesentlichen der Textanalyse dieser Interpretation, die demnach als Sacherläuterung zu den verschiedenen Einheiten gelesen werden kann. Die Auseinandersetzung mit dem „Handwerk" der Dramenanalyse und der Frage nach geschlossener und offener Form des Dramas nimmt in ihr breiteren Raum ein; sie mußte in der Interpretation nicht so „schulmäßig" dargestellt werden. Die Grundlagen, vor allem die historischen, literatur- und philosophiegeschichtlichen, werden in der Unterrichtssequenz nicht gesondert behandelt; sie ergeben sich entweder aus dem Kontext der Reihe oder fließen in die Behandlung der einzelnen Themen ein.

Zur Vorbereitung der Unterrichtssequenz sollte man den Schülern eine Vorbereitungszeit von drei bis vier Wochen gewähren, in der sie den Text lesen, die Szenarien erstellen und die Schülerreferate erarbeiten können. Die Szenarien sollten nach dem von Klaus Göbel in der *Emilia Galotti*-Interpretation (Oldenbourg Verlag, München ²1988) vorgeschlagenen Schema gestellt werden:
Szene:
- Hauptpersonen/Spielfiguren der Szene
- Äußere Handlung, Zusammenfassung des Geschehens in Stichworten
- Thematik, die in der Handlung zum Ausdruck kommt
- Auffälligkeiten der dramatischen Sprache, der dramatischen Strukturentfaltung, der Spannung, der Vorausdeutung usw.
Oder (einfacheres Schema vor allem für Sek. I):
Szene:
- Welche Personen?
- Welche Handlung?
- Welche herauslesbaren Thesen?
- Was fällt darüber hinaus zusätzlich auf?[113]
Schülerreferate
a. Aufgeklärter Absolutismus (vor allem Preußen und deutsche Kleinstaaten) (Geschichtsbuch)
b. Die Interpretation Benno von Wieses (Fotokopie des *Räuber*-Kapitels in von Wiese (1959)) (Auszug in „Reclams Erläuterungen")
c. Die Interpretation Hans Schwertes (Auszug in „Reclams Erläuterungen")
d. Die Interpretation Klaus R. Scherpes (Auszug vgl. Mat. 5)
e. Die Interpretation Harald Steinhagens (Fotokopie von Steinhagen (1982)) (Auszug für alle vgl. Mat. 6)
f. Grundelemente der Psychoanalyse Freuds (Dreischichtenmodell der Persönlichkeit, Ödipuskomplex) (Lehrbuch Sozialwissenschaften oder ähnliches).
Eine rollenspielähnliche Inszenierung eines wesentlichen Aspekts des Dramas schlägt Jörg Bohse in seinem *Räuber*-Modell vor.[114] Sie kann im Anschluß an die hier beschriebene Unterrichtssequenz durchgeführt werden.

Verwendete Abkürzungen:

A	= Alternative	LV	= Lehrervortrag
GA	= Gruppenarbeit	SV	= Schülervortrag
Gk	= Grundkurs	TA	= Tafelanschrieb
HA	= Hausaufgabe	UE	= Unterrichtseinheit
Lk	= Leistungskurs	UG	= Unterrichtsgespräch

UE I: 2 Stunden
1. Stunde

Thema: Primärrezeption des Dramas	
Didaktische Aspekte (Inhalte/Ziele)	*Methodische Realisierung/Verlauf*
Einstieg: Voraussetzung ist die gesamte Lektüre des Dramas. Erarbeitung des Szenariums und Interpretationsgrundrisses	Äußerung spontaner Leseeindrücke, Formulierung von Fragen zur Interpretation, Klärung sachlicher Fragen unter Einbezug der Reclam-Erläuterungen. Die Schüler/innen artikulieren erste Interpretationshypothesen und vergleichen diese untereinander.
Hausaufgabe: Fertigstellung der Szenarien.	

2. Stunde

Thema: Diskussion der Szenarien	
Didaktische Aspekte (Inhalte/Ziele)	*Methodische Realisierung/Verlauf*
Präzisierung der Schülerszenarien, Erstellung einer Arbeitsgrundlage für die Unterrichtssequenz	a. GA: Diskussion der Szenarien (pro Gruppe ein Akt), Erstellung von Szenarien in der Gruppe b. Verteilung der vervielfältigten Szenarien c. SV, UG: Vorstellung und Diskussion der Aktszenarien zu a–c: Die Lehrkraft gibt Formulierungshilfen und unterstützt bei der Berücksichtigung wichtiger Elemente (Personen, Intrige, Peripetie). Er/sie leitet die Diskussion und verweist auf Schwerpunkte, die von den Schülern vielleicht übersehen worden sind.
Hausaufgabe: Vorbereitung von Mat. 1 und 2 (geschlossene und offene Form des Dramas)	

UE 2: Sek.I: 5 Stunden, Gk: 6 Stunden, Lk:7 Stunden
3. Stunde

Thema: Dramenform und Handlungsverlauf	
Didaktische Aspekte (Inhalte/Ziele)	*Methodische Realisierung/Verlauf*
1. Für Sek. I: Unterscheidung zwischen offener und geschlossener Form des Dramas in bezug auf Schillers *Räuber*, Gegenstand: Mat. 1 und 2. **A** für Gk und Lk: 2. Erarbeitung von Kategorien zur Dramenanalyse 2.a. Die Schüler/innen lernen, theoretische Bestimmungen auf einen konkreten Text zu übertragen 2.b. Die Schüler lernen, daß ein konkreter Text sich nicht auf ein abstraktes Schema reduzieren läßt. 2.c. Sie erkennen, daß die Einsicht in Widersprüche zwischen Form und Inhalt eines Textes ein wichtiges Element für dessen Interpretation sein kann.	1.a. Mat. 1 und 2: Interpretation eines Schaubildes und einer Tabelle. 1.b. Klärung zentraler Begriffe zur Dramenanalyse. 1.c. Einsicht in die Interdependenz von Form und Inhalt. 1.d. Einsicht in die Möglichkeit der Existenz von Mischformen (Problematisierung der eingeführten Kategorien). zu 1.a–1.d.: UG: Der/die Unterrichtende ist Diskussionsleiter/in und lenkt das Gespräch zur Ergebnissicherung. Folgende Leitfragen helfen dabei: – Worin unterscheiden sich die Kategorien von Schaubild und Tabelle? – Wie läßt sich das Verhältnis von formalen und inhaltlichen Kategorien bestimmen? – Warum ist die Einteilung sehr schematisch? **A** zu 2.a.–2.c: UG: „Anwendung": Elemente der offenen und geschlossenen Form in den *Räubern*. Der Lehrer achtet auf die korrekte Verwendung der erarbeiteten Termini und verhindert, daß die Schüler versuchen, das Schema zu starr zu übertragen.
Hausaufgabe: kritische Lektüre der Vorrede	

107

4. Stunde

Thema: Die Räuber – Form und Wirkungsintention	
Didaktische Aspekte (Inhalte/Ziele)	Methodische Realisierung/Verlauf
1.a. Die Schüler lernen, die Zusammenhänge zwischen Wirkungsintention und literarischer Form kritisch zu analysieren; Gegenstand: Vorrede des Dramas 1.b. Schüler sollen lernen, aus den immanenten Widersprüchen eines Textes dessen „brisante" Elemente zu entnehmen.	1.a.: UG: Herausarbeiten der formalen Aspekte der Vorrede 1.b.: UG: Analyse des poetischen Textes, Frage nach Intention der Vorrede, moralische Wirkung, literarische Form, Faszination an Verbrechen und Größe des Charakters. Schüler übernimmt die Diskussionsleitung; Lehrer/in gibt nur Impulse
Hausaufgabe: intensive Lektüre von I, 1 und I, 2; von II, 1; II, 2 und IV, 5; von V, 1 und V, 2	

5. Stunde: Lk 5. und 6. Stunde

Thema: Interpretation wichtiger Szenen	
Didaktische Aspekte (Inhalte/Ziele)	Methodische Realisierung/Verlauf
1. Die Exposition(en) der Räuber: Die Schüler lernen die Anwendung dramentheoretischer Begriffe auf einen konkreten Text; Gegenstand: Szenen I, 1 und I, 2 2. Intrige und Peripetie, Gegenstand: II, 1; II, 2 und IV, 5. 3. Der Dramenschluß: Die Schüler vertiefen ihre Kenntnisse der Dramenanalyse. Sie erkennen die Problematik des Verhältnisses von Form und Inhalt, Gegenstand: Szenen V, I und V, 2.	GA: Analyse von I, 1 und I, 2 (nach Gruppen getrennt), Arbeitsauftrag an die Gruppen: Analysieren Sie die Szenen I, 1 und I, 2 in ihrer Expositionsfunktion für das Drama! UG: Auswertung und Diskussion. 2. u. 3.: Inhalt und Verlauf wie 1, nur Umformulierung des Arbeitsauftrages. UG: formale Analyse der Szenen. LV: Theodizee im Drama. UG: der Schluß der Räuber: eine Wiederherstellung der gestörten Ordnung?

zu IV: Der LV bringt eine Abstrahierung der Fragestellung und einen Transfer von formalen auf inhaltliche Fragestellungen.
zum zweiten UG: Der Lehrer achtet darauf, daß die verschiedenen Dimensionen der Analyse erkennbar bleiben.

Hausaufgabe: Selbstrezension (in Reclams Erläuterungen S. 156–172)

6. Stunde

Thema: Wirkungsintention und Gehalt der *Räuber*

Didaktische Aspekte (Inhalte/Ziele)	*Methodische Realisierung/Verlauf*
Gegenstand: Selbstrezension Schillers zu den *Räubern* (in den Reclam-Erläuterungen, s. Lit. verz.). Die Schüler/innen erkennen, daß die Interpretationen eines literarischen Textes nicht mit der Frage nach der Intention des Autors identisch ist. Sie vertiefen ihre Einsicht, daß „brisante" Elemente des Textes aus Widersprüchen zwischen programmatischen Bekundungen und konkretem Textbefund zu erschließen sind (vgl. 4. Stunde). Das Ende von UE 2 bietet einen ersten Gesamtüberblick über die Deutung des Dramas. Die Schüler erkennen, daß eine Interpretation nicht in der Auflösung aller Widersprüche eines Textes liegen muß, ja, daß sie sogar in deren Akzentuierung liegen kann.	UG: Analyse der wichtigsten Aussagen der Selbstrezension (vgl. unten) UG: Herausarbeitung der problematischen Punkte in der Interpretation des Dramas zu beiden UGs: Der Lehrer/die Lehrerin gibt – wenn nötig – folgende Impulse zur Herausarbeitung dieser Punkte: – Bestrafung des Bösewichts? – moralische Wirkung des Stückes? – Wirkung der Schilderung des Lasters? – Notwendigkeit einer genaueren Analyse der Figuren und der Figurenkonstellation

Hausaufgabe: Vorbereitung der Tabelle „Funktionen der Figurenrede" (Mat. 3), intensive Lektüre von I, 2; II, 3 und III, 2

UE 3: 4 Stunden
7. und 8. Stunde

Thema: Figurenanalyse und Figurenkonstellation	
Didaktische Aspekte (Inhalte/Ziele)	*Methodische Realisierung/Verlauf*
1. Figurenanalyse I: Karl (7./8. Stunde), Gegenstand Mat. 3 sowie I, 2; II, 2 und III, 2. Die Schüler lernen, Kategorien der Dramenanalyse auf einen konkreten Text anzuwenden. Sie erkennen die differenziert angelegte Figur Karls. Sie analysieren die Bedeutung der Räuberrebellion im Zusammenhang mit der Figurenanalyse. 2. Figurenanalyse II: Franz (7./8. Stunde), Gegenstand: Mat. 3 sowie I, 1 und II. 1. analog zu 1. Karl. 3. Figurenanalyse III (7./8. Stunde): Amalia, der alte Moor, Spiegelberg, Gegenstand: entsprechende Textstellen in I, 1; I, 2; I, 3; II, 2; II, 3; III, 1 (usw.); sonst analog zu 1. und 2.	1.a. UG: Erarbeitung der Tabelle von Mat. 3 1.b. TA, UG gelenkt: Wiederholung der Ergebnisse zur Exposition I, 2 1.c. UG: Karl zwischen Rebellion und Melancholie. zu 1.a.–1.c.: Der Lehrer achtet auf die Ergebnissicherung und die Lernerfolgskontrolle; er läßt im dritten Teil der Stunde subjektiven Äußerungen Raum. 2. analog zu 1. Karl. 3. analog zu 1. und 2. und 3.a. GA: zu jeweils einer Figur. 3.b. UG: Vorstellung und Diskussion der Ergebnisse. Der/die Unterrichtende gibt den Gruppen Anregungen mithilfe der Forschungsergebnisse aus dem Interpretationsteil dieser Arbeit
Hausaufgabe: Mat. 4 (Tabelle zur Figurenkonstellation)	

9. Stunde

Thema: Figurenkonstellation des Dramas

Didaktische Aspekte (Inhalte/Ziele)	Methodische Realisierung/Verlauf
Die Schüler/innen erkennen, daß Bedeutung im Drama durch die Parallelisierung und Kontrastierung verschiedener Figuren funktioniert. Sie erkennen, daß auch antagonistische Figuren Ähnlichkeiten aufweisen können.	UG: kurze Erarbeitung der Tabelle (Mat. 4) GA: die verschiedenen Gruppen erarbeiten folgende Konstellationen: – Franz – Karl: Gegensätze und Gemeinsamkeiten. – der alte Moor und sein Verhältnis zu seinen Söhnen und Amalia. – Amalia und ihr Verhältnis zu Franz und Karl. – Spiegelberg im Vergleich zu Franz und Karl. – die „Dienerfiguren" (Hermann, Daniel – die Räuber). UG: Beginn der Auswertung, der Lehrer unterstützt die Gruppen mit Hinweisen.

Hausaufgabe: produktionsorientierte Arbeitsvorschläge (zur Auswahl): – Gerichtsplädoyers für und gegen Karl. – Brief Amalias an Karl (ca. zur Zeit der Szene III, 1). – Übertragung des Geschehens in die heutige Zeit (Textsorten: Reportage, Brief, evtl. Hörspiel, Comic, Collage etc.)

10. Stunde

Thema: Zusammenfassung

Didaktische Aspekte (Inhalte/Ziele)	Methodische Realisierung/Verlauf
Die Schüler versuchen eine Zusammenfassung der Interpretation und erkennen, daß diese die festgestellten Widersprüche nicht auflösen muß. Die Schüler vergleichen die erarbeitete Lektüre mit ihrem Vorverständnis nach der ersten Lektüre.	UG: Fortsetzung der GA-Auswertung der vergangenen Stunde. UG: Versuch einer Gesamtdeutung. Der Lehrer gibt Anregungen zur methodischen Reflexion der Ergebnisse.

111

Additum UE 4: nicht für Sek. I, Gk fakultativ nur die Stunden 11 und 12, für Lk Stunden 11–15

11. Stunde

Thema: Deutungsebene 1	
Didaktische Aspekte (Inhalte/Ziele)	*Methodische Realisierung/Verlauf*
1. geistesgeschichtliche Deutung, Gegenstand: Positionen der Sekundärliteratur (von Wiese, Schwerte). 1.a. Die Schüler begreifen die Tendenz zur affirmativen, „versöhnenden" Deutung des Dramas. 1.b. Die Schüler erarbeiten die Konsequenzen einer auf Synthesen ausgerichteten Hermeneutik. 1.c. Sie analysieren die Bedeutung der Kategorie der Autorintention zur Stiftung der Sinneinheit. 1.d. Sie lernen die weiterführenden Impulse der Deutung Schwertes kennen.	1.a. SV: der Interpretationsansatz B. von Wieses. 1.b. SV: der Interpretationsansatz H. Schwertes. zu 1.a. und 1.b.: nach SV jeweils Diskussion und kritische Bewertung. Die Referenten erhalten die Texte fotokopiert, alle Schüler lesen die Auszüge aus den Reclam-Erläuterungen (gilt analog für die folgenden Texte, die in den Materialien in Auszügen vorliegen). Die Lehrkraft unterstützt die Referenten und weist auf die methodischen Voraussetzungen der Interpretationen hin.
Hausaufgabe: Vorbereitung von Mat. 5 (= Auszug Scherpes).	

12. Stunde

Thema: Deutungsebene 2	
Didaktische Aspekte (Inhalte/Ziele)	*Methodische Realisierung/Verlauf*
2. sozialgeschichtliche Deutung, Gegenstand: Mat. 5 2.a. Die Schüler vertiefen ihre Kenntnisse in bezug auf die Bedeutung einer sozialgeschichtlichen Situierung eines literarischen Textes. 2.b. Sie lernen, daß die formalen und inhaltlichen Konstruktionen eines literarischen Textes eine künstlerische Antwort auf reale Probleme darstellen. 2.c. Sie erkennen die Begrenztheit einer textimmanenten und einer geistesgeschichtlichen Interpretation.	2.a. SV: der aufgeklärte Absolutismus – Konzentration auf Preußen und die deutschen Kleinstaaten. 2.b. SV: der Interpretationsansatz Scherpes. zu 2.a. und 2.b.: Diskussion und kritische Auswertung, sonst analog zu 1.
Hausaufgabe: Vorbereitung auf Mat. 6 (= Steinhagen)	

13. Stunde

Thema: Das Drama und die Dialektik der Aufklärung	
Didaktische Aspekte (Inhalte/Ziele)	*Methodische Realisierung/Verlauf*
1. Gegenstand: Horkheimer/Adorno, Steinhagen (= Mat. 6) 1.a. Die Schüler lernen eine avancierte philosophische Position kennen, welche die erarbeitete Deutung vertiefen kann. 1.b. Sie erkennen, daß eine Deutung verschiedene Sinnebenen umfaßt.	1.a. LV: *Dialektik der Aufklärung* (vgl. die Abschnitte im Interpretationsteil dieser Arbeit). 1.b. Anwendung dieser Theorie auf die *Räuber* (unter Berücksichtigung der HA). 1.c. SV: der Interpretationsansatz Steinhagens 1.d. Diskussion und kritische Bewertung. zu 1.a.: Der Lehrer/die Lehrerin bemüht sich um eine kurze, verständliche Darstellung und stellt zur Kontrolle Verständnisfragen. zu 1.c.: Der SV dient zur systematischen Klärung des im UG bereits Skizzierten.
Hausaufgabe: intensive Lektüre der Szene III, 2.	

14./15. Stunde

Thema: Das Drama im Licht der strukturalen Psychoanalyse	
Didaktische Aspekte (Inhalte/Ziele)	*Methodische Realisierung/Verlauf*
Gegenstand: Konzeptionen Freuds und Lacans; Szene III, 2 Die Schüler werden mit einer komplexen und hermetisch wirkenden Theorie konfrontiert. Um diese nicht allzu abstrakt erscheinen zu lassen, sollte die konkrete Anwendung auf die einschlägigen Stellen in III, 2 in den Mittelpunkt gestellt werden.	SV: Grundelemente der Psychoanalyse Freuds (Dreischichtenmodell der Persönlichkeit, Ödipuskomplex). LV: Grundzüge der strukturalen Psychoanalyse Lacans (imaginäre Einheit und symbolische Ordnung, Spiegelstadium, Rolle des Vaters, das Begehren als Mangel). UG: Versuch einer Anwendung dieser theoretischen Konzepte auf die Szene III, 2.

4

Klausurvorschläge

1) Analysieren Sie die Bedeutung der Revolte Karl Moors anhand des Beginns der Szene I, 2 (S. 19–S. 20, Z. 35), und bewerten Sie diese im Hinblick auf den weiteren Verlauf des Dramas! (Gk und Lk)

2) Interpretieren Sie das „Monument Moors des Räubers" (Reclam-Erläuterungen, S. 153–155), und analysieren Sie es im Hinblick auf das Drama! (Lk)

3) Interpretieren Sie den Monolog Franz Moors im zweiten Akt (II, 1; S. 40/41), und erläutern Sie die Bedeutung und Funktion der Gestalt des Franz Moor im Drama! (Gk und Lk)

4) Karl und Franz, die feindlichen Brüder. Stellen Sie den Gegensatz zwischen diesen zentralen Figuren der *Räuber* dar, und zeigen Sie, inwiefern sie trotz aller Gegensätze doch Gemeinsamkeiten haben. (Lk)

5) Erläutern Sie das Schaubild zur geschlossenen Form des Dramas (vgl. Mat. 1), und überprüfen Sie, ob sich das Schaubild auf Schillers *Räuber* anwenden läßt. (Gk und Lk)

6) Erläutern Sie die Begriffe „offene und geschlossene Form des Dramas", und diskutieren Sie deren mögliche Anwendung auf Schillers *Räuber*. (Lk)

7) Analysieren Sie Schillers Text „Der Verfasser an das Publikum", der auf dem Theaterzettel zur Uraufführung abgedruckt war (vgl. Reclam-Erläuterungen, S. 152 f.), und prüfen Sie, ob Schillers Ausführungen mit Ihrer Interpretation des Dramas übereinstimmen. (Gk und Lk)

8) In der Vorrede zur Schauspielfassung der *Räuber* erklärt Schiller: „Ich darf meiner Schrift zufolge ihrer merkwürdigen Katastrophe mit Recht einen Platz unter den moralischen Büchern versprechen; das Laster nimmt den Ausgang, der seiner würdig ist. Der Verirrte tritt wieder in das Geleise der Gesetze. Die Tugend geht siegend davon."
Interpretieren Sie Schillers Äußerung, und prüfen Sie unter besonderer Berücksichtigung des fünften Aktes, ob Schillers Bewertung mit Ihrer Interpretation des Stücks übereinstimmt.

9) Analysieren Sie die Äußerungen von Franz Moor über seinen Bruder Karl (S. 11, Z. 36–S. 13, Z. 7) im Hinblick auf die dramatische Struktur des Stücks! (Gk und Lk)

10) Analysieren Sie Amalias Lied (S. 76) im Hinblick auf ihre Beziehung zu Karl! (Gk und Lk)

11) Analysieren Sie das Brutus-Cäsar-Lied (S. 109–111) im Hinblick auf die Problematik der Gestalt des Karl Moor! (Gk und Lk)

12) Analysieren Sie die letzten Worte Karl Moors (S. 138, Z. 31–S. 139, Z. 39) im Hinblick auf die Problematik der Räuberrebellion! (Gk und Lk)

5
Materialien

Mat. 1 *Die geschlossene Form im Drama*

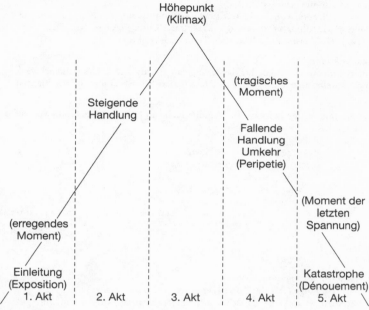

Höhepunkt
(Klimax)

Steigende
Handlung

(tragisches
Moment)

Fallende
Handlung
Umkehr
(Peripetie)

(erregendes
Moment)

(Moment der
letzten
Spannung)

Einleitung (Exposition)				Katastrophe (Dénouement)
1. Akt	2. Akt	3. Akt	4. Akt	5. Akt

Erläuterungen

Einleitung (Exposition)	Informationen über die Hintergründe und Voraussetzungen der dargestellten Geschichte, soweit sie der Zuschauer benötigt, um der Gesamthandlung folgen zu können
Erregendes Moment	Wichtiges Ereignis oder bedeutsame Entscheidung des Helden, wodurch die Verwicklung in Gang gebracht wird
Umkehr (Peripetie)	Verkehrung der Situation in ihr Gegenteil
Tragisches Moment	Tragödie: Ereignis oder Entschluß, die keine Auflösung des Konflikts mehr zulassen, die zu einem versöhnlichen Ende führen würde
Moment der letzten Spannung	Komödie: Verzögerung des glücklichen Ausgangs der Handlung Tragödie: Verzögerung des Untergangs des Helden
Katastrophe (Dénouement)	Tragödie: Untergang des Helden als Lösung des Konflikts (Katastrophe) Komödie: Auflösung (dénouement) der Mißverständnisse und glückliches Ende

(aus: Hermes (1989), S. 122 f., siehe Lit. verz.)

115

Mat. 2 *Die offene Form im Drama*

Handlungsstruktur
Folge selbständiger Szenen, die verbunden sind durch: Zentrales Ich – Wiederkehrende Bilder und Metaphern – Integrationspunkt

Zeit- und Raumstruktur
Keine Festlegung von Zeiterstreckung, Zeitkontinuum, Zeitbewegung, keine geradlinige Handlungsentwicklung – Vielfalt der Orte, Figuren, Aktionen – Soziale Umwelt als übermächtig, Natur als dämonisch erlebt

Figurenkonzeption
Figuren oft durch soziale Deklassierung, durch physisch-biologische Schwächen, durch Intelligenzmängel belastet – Fremd- statt Selbstbestimmung der Figuren

Sprache
Pluralismus: Viele unterschiedliche individuelle und gruppenspezifische Sprachformen bei den verschiedenen Figuren
Merkmale: Brüchige Satzgefüge
Bevorzugung von Satzreihen
Auslassungen, unvollständige Sätze
Häufige Ausrufe
Unpersönliche Ausdrucksweise
Assoziativer Textaufbau

(aus: Hermes (1989), S. 126, siehe Lit.verz.)

Mat. 3 *Funktionen der Figurenrede*
Äußere Vorgänge (was der Zuschauer sehen und hören kann)
– Die Figur charakterisiert sich selbst, ihre Mentalität, ihren Beruf, ihre soziale Stellung, durch Wortwahl, Satzbau und Sprechweise.
– Die Figur wirkt im Dialog auf die anderen Figuren ein und veranlaßt sie zu entsprechenden Reaktionen.
– In der Art, wie sie miteinander sprechen, zeigen die Figuren, in welcher Beziehung sie zueinander stehen und wie sie diese Beziehung fortsetzen oder verändern.
– Durch die Figurenrede wird der Zuschauer in die fiktive Welt des Stücks und in den Handlungszusammenhang eingeführt.
Innere Vorgänge (was der Zuschauer erschließen kann)
– Die Figurenrede enthält Hinweise auf die Ziele der handelnden Personen sowie auf ihre Beweggründe bzw. die Interessen, die sie beim Handeln verfolgen.
– An den Äußerungen der Figuren wird deutlich, in welch unterschiedlicher Weise sie die Situation interpretieren, in der sie sich durch den gemeinsamen Auftritt befinden.
– An der sprachlichen Form der Figurenrede läßt sich ablesen, welche Taktik die betreffende Figur einschlägt, um die Situation im Sinne ihrer Handlungsziele zu verändern.

(aus: Hermes (1989), S. 91, siehe Lit.verz.)

116

Mat. 4 *Konstellation und Konfiguration der Figuren*

Figurengruppierung (Konstellation)
- Zahl der Figuren (Monodrama, wenige Figuren, viele Figuren und Massenszenen, Volk)
- Haupt- und Nebenfiguren
- Held (Protagonist) und Gegenspieler (Antagonist)
- Intriganten und Opfer der Intrige, außenstehende Figuren
- Wiederkehrende Gegensätze (männlich ↔ weiblich; alt ↔ jung; sozial höher ↔ tiefer gestellt)
- Kontrastbeziehung (Gegner, Figuren mit unterschiedlichen Merkmalen) und Korrespondenzbeziehung (Verbündete, Figuren mit übereinstimmenden Merkmalen)

Figurenverteilung (Konfiguration)
- Zusammen auftretende (konkomitante) Figuren
- Getrennt auftretende (alternative) Figuren
- Immer wieder auftretende (dominante) Figuren

(aus: Hermes (1989), S. 82, siehe Lit.verz.)

Mat. 5 KLAUS R. SCHERPE: *„Die Räuber"*

[...] Wenn Karl am Ende mit jenem notorisch-berühmten Spruch – „dem Manne kann geholfen werden" – dem Tagelöhner einen eigenartigen Lohn verschafft durch das Kopfgeld, das man auf ihn ausgesetzt hat, so liefert er auf diese Weise nicht nur sich selbst der Obrigkeit reumütig aus, sondern treibt auch den „armen Mann" in die Arme der Herren, die ihn arm machen. Die dem Autor abverlangte Überarbeitung des „Schauspiels" zum „Trauerspiel" verstärkt bezeichnenderweise noch die Tendenz zur politischen Mäßigung und Anpassung: „Gehet hin, und opfert eure Gaben dem Staate. Dienet einem Könige, der für die Rechte der Menschheit streitet" (V, 7). So spricht Karl Moor als Wächter von Gesetz und Ordnung.

Dieser Tragödienschluß, der keiner ist, rafft die verzweifelte Rebellion hinweg, von der das Stück kündet, und ebnet seine „Extremitäten" ein, die allein das Tragische aus dem Konflikt hätten heraussteigern können. Das Tragische im Schluß der *Räuber* mißlingt, da das Gute gar nicht mehr aus der eigenen Kraft erscheint, mit der zuvor die schlechte Wegstrecke des Räuberlebens durchlaufen werden mußte. Was jetzt als positive Macht und Sittlichkeit einfach gesetzt wird – der König als Anwalt der Menschenrechte –, hat mit der gesellschaftlichen Wirklichkeit in Schillers Drama wenig zu tun. Denn in ihr konnte ja die „goldene" Herrschaft nur als Wunschtraum erscheinen, als freundliche Illusion, die an den „Extremitäten" des Despotismus und der Räubergewalt zuschanden wird. Am Schluß von Schillers Drama rächt sich die moralische ,Überkonstruktion' der konkreten Inhalte des Stücks, einschließlich der im Handlungsverlauf stillgelegten Tragik Karls zwischen dem Anspruch und der Misere seiner Selbstverwirklichung, als ästhetische Fehlleistung. Die Tugend-Laster-Konzeption läuft auf eine moralische und politische Abstraktion hinaus, die zur Legitimierung der bestehenden gesellschaftlichen Verhältnisse scheinbar bedingungslos taugt. *Eine Bedingung allerdings ist die Abstraktion!* Und darin liegt dann doch, auch in der Schlußkonfiguration, das kritisch-realistische Potential des Schillerschen Schauspiels beschlossen. Am Ende ist das Räuberdrama in der Tat so zeit- und ortlos, wie es manche Interpreten gerne in toto

117

sehen möchten. Doch gerade diese ‚Gesellschaftslosigkeit' des versöhnlichen Schlusses kann verstanden werden als *inhaltlich* kräftiges Dementi der Apologie der feudal-absolutistischen Herrschaft, zu der sich der Autor am Ende *in aller Form* bereitfindet. Dies gilt unter der Voraussetzung, daß die monströse Handlung die Illusion einer menschenfreundlichen Feudalherrschaft ja bis ins Kleinste dramatisch ‚zerkleinert' und ‚zernichtet' hat. So gesehen bleibt Schillers Drama offen im Widerspruch. Und eben deshalb ist der Autor wegen seines kompromißlerischen Schlußakts nicht einfach zu tadeln.

In seiner Selbstrezension des *Neuen Menoza* formulierte Jakob Michael Reinhold Lenz die schmerzhafte Einsicht, daß die deutsche „Nation" zur tragischen Gestaltung ihrer Geschichte noch nicht reif sei. Schiller hatte vielleicht Ähnliches im Sinn, wenn er voraussieht, daß sein Erstlingswerk auch in der abgeschliffenen Form der Tragödie auf der Bühne noch kein „Bürgerrecht" erlangen wird. Der Grund ist, historisch gesehen, der Mangel an konkreter Utopie über die bestehende Gesellschaft hinaus, für die ein in seiner Masse zur Revolution objektiv kaum fähiges und subjektiv kaum williges Bürgertum wenig taugte. Seine „Subordination" ist beständig, weniger die feudalabsolutistisch regierte Ständegesellschaft, die auch im Deutschland der 1790er Jahre ins Wanken gerät. Wenn Schiller in seinen ‚klassischen' Stücken die Utopie findet in der Ästhetik des Tragischen und, damit verbunden, in seiner geschichtsphilosophischen Reflexion, so doch unter Preisgabe des „Reichs der Notwendigkeit", das die *Räuber* so extremistisch herausdramatisierten. Der Preis für den ‚Extremismus' der *Räuber*, der mit der friedlichen Verbürgerlichung des Dramas der Aufklärung hätte brechen können, war, historisch gesehen, die nicht minder extreme moralische ‚Überkonstruktion', die in Schach hielt, was hier unbotmäßig zur Sprache kam. So findet sich paradoxerweise der historische ‚Klartext' am überzeugendsten in den unterdrückten Phantasien und bösen Träumen von Macht und Gewalt, in denen die herrschende Ordnung bedroht wird. Eine die Verhältnisse sprengende Utopie hätte zusammenfügen müssen, was Schiller poetisch sittsam verteilt und mindert: die Sprengkraft des die Legitimität der feudalen Herrschaftsverhältnisse zermürbenden Materialismus eines Franz und den gewaltigen Idealismus eines Karl, der auch die Gewalttätigkeit eines Spiegelberg nicht scheut. Diese Utopie konnte allerdings nicht die Sache Schillers sein für seine Räubergeschichte. Die Verhältnisse zwischen Stuttgart und Mannheim um 1780 gaben sie nicht her. [...]

(aus: Scherpe (1979), S. 30 f., siehe Lit.verz.
Auf die Anmerkungen wurde in diesem Textauszug verzichtet.)

Mat. 6 HARALD STEINHAGEN: *Schiller zwischen Marquis de Sade und Kant*
Der Ansatzpunkt meiner Untersuchungen ist folgende These: Die *Räuber* sind das konsequenteste Dokument der deutschen Aufklärung, und Franz Moor ist ihr radikalster Vertreter.

Das mag im ersten Moment befremdlich klingen, da doch Menschenliebe, Sittlichkeit, Fortschritt zum Besseren zu den zentralen Ideen der Aufklärung zählen. Wenn die These zuträfe, wären jene Ideen nichts als Hirngespinste und Trugbilder: Verirrungen der Phantasie. Und genau so betrachtet sie Franz Moor. – Von Interesse ist hier nicht, was er tut, sondern was er als „raisonirender Bösewicht" denkt, um sein Tun zu rechtfertigen. Mit seinen eigenen Worten: „Es kommt alles nur darauf an, wie man davon denkt, und der ist ein Narr, der wider seine Vorteile denkt!" Im Sinne dieses Zitats ist Franz Moor zweifellos ein äußerst vernünftiger Mensch: Alles was einem Vorteil dient, ist ihm erlaubt, wenn nicht gar von der Natur geboten, selbst Mord und Vergewaltigung, und alles, was seinem Vorteil im Wege steht, ist absolut nichtig: Gott, Unsterblichkeit der Seele, jenseitiges Gericht – metaphysische Chimären, erfunden von denen, die in der Welt zu kurz gekommen sind; Gewissen – ein Hirngespinst; moralische Normen – zeitbedingte Moden, die man wechselt wie die Kleider, „gemeinschaftliche Pakta" – Anstalten zur Verdummung der Menge; Sanftmut, Tugend, Ehrlichkeit – nützliche Masken; die natürlichen Bande in der Familie, menschliche Gefühle wie Liebe und Dankbarkeit gegenüber den Eltern – „heilige Nebel", die durch nichts gerechtfertigt sind und die Menschen nur einschüchtern sollen; Liebe zu einem Mädchen – ein schöner Wahn, in Wahrheit nichts als ein „Kitzel" oder eine Regung „viehischer Begierden", deren Befriedigung größer ist, wenn sie, statt aus Liebe gewährt, mit Gewalt erzwungen wird; die Begründungen für das Mordverbot – Ammenmärchen, deren „gräßliche Bilder von Strafgerichten" die Menschen in Furcht halten.

Franz Moors Denken, dem man methodische Konsequenz durchaus nicht absprechen kann, führt zu Einsichten und Ergebnissen, wie sie in der Literatur jener Epoche am entschiedensten wahrscheinlich von Marquis de Sade ausgesprochen worden sind. Es wäre nicht schwer, etwa in seinem Roman *Juliette oder das Gedeihen des Lasters* von 1797 für alle Reflexionen Franz Moors die genauesten Entsprechungen aufzuzeigen, und zwar nicht auf der Ebene des Obszönen, sondern auf der Ebene der philosophischen Reflexionen. Um die Übereinstimmungen zu belegen, führe ich eine Reihe von Beispielen an:

Gott, Ewigkeit, Unsterblichkeit – reine Hirngespinste; der Gesellschaftsvertrag – kein vernünftig denkender Mensch kann an ihm ein Interesse haben; Mitleid, Wohltätigkeit, Dankbarkeit – nichts als anerzogene Schwächen; Tugend – entstanden aus der Mißachtung der Naturgesetze; Gerechtigkeit, Freiheit, Gleichheit, Brüderlichkeit – abstruse Ideen; Gewissen – eine Chimäre, die man am besten durch vollständige Abstumpfung ausrottet, da sie die Menschen am Ausleben ihrer Natur hindert; Gesetze – nichts als Fesseln, die das Recht des Stärkeren einschränken; natürliche Bindungen in der Ehe und in der Familie – Gefühle, die jeder Begründung entbehren; Liebe und Sexualität – völlig verschiedene Dinge, die Sexualität kommt ohne Liebe, d. h. ohne Rücksicht auf den anderen Menschen, viel besser auf ihre Rechnung; Verbrechen – stehen im Einklang mit der Naturordnung und befördern diese; das Plädoyer für den Mord – „mord ist eines der gesetze der natur" – gibt auf Juliettes Bitte kein anderer als der Papst selbst.
(aus: Steinhagen (1982), S. 137–139, siehe Lit. verz.

Auf die Anmerkungen wurde in obigem Textauszug verzichtet.)

Anhang

Anmerkungen

[1] Benno von Wiese (1959): Friedrich Schiller. Stuttgart, S. 136–170.

[2] Hans Schwerte (1960): Schillers „Räuber". Deutschunterricht 12, H. 2, S. 18–41.

[3] Hans Mayer (1959): Schillers Vorreden zu den Räubern. In: H. M.: Von Lessing bis Thomas Mann. Wandlungen der bürgerlichen Literatur in Deutschland. Pfullingen, S. 134–154.

[4] Das Räuberbuch (1974). Die Rolle der Literaturwissenschaft in der Ideologie des deutschen Bürgertums. Frankfurt am Main.

[5] Klaus R. Scherpe (1979): Die Räuber. In: Walter Hinderer (Hrsg.): Schillers Dramen. Neue Interpretationen. Stuttgart, S. 9–36.

[6] Harald Steinhagen (1982): Der junge Schiller zwischen Marquis de Sade und Kant. Aufklärung und Idealismus. DVjs 56, S. 135–157.

[7] Von Wiese (1959), S. 142.

[8] Von Wiese (1959), S. 153.

[9] Von Wiese (1959), S. 150.

[10] Von Wiese (1959), S. 164 f.

[11] Schwerte (1960), S. 21 f.

[12] Schwerte (1960), S. 33.

[13] Schwerte (1960), S. 25.

[13a] Schwerte (1960), S. 33.

[14] Schwerte (1960), S. 40.

[15] Räuberbuch (1974), S. 63.

[16] Scherpe (1979), S. 17.

[17] Scherpe (1979), S. 24.

[18] Scherpe (1979), S. 26 f.

[19] Scherpe (1979), S. 28.

[20] Scherpe (1979), S. 30.

[21] Scherpe (1979), S. 30.

[22] Scherpe (1979), S. 31.

[23] Schwerte (1960), S. 25 f.

[24] Zitiert nach: Die deutsche Literatur vom Mittelalter bis zum 20. Jahrhundert. Texte und Zeugnisse. Band IV: 18. Jahrhundert. In Verbindung mit Christoph Perels hrsg. v. Walter Killy. München 1988, S. 3–8, hier S. 3.

[25] Ebd., S. 4.

[26] Ebd., S. 7.

[27] Zitiert nach Klaus Göbel (²1988): G. E. Lessing: Emilia Galotti. Zur Didaktik des Dramas. Oldenbourg Interpretation. München, S. 78.

[28] Horst Müller (1986): Friderizianismus, Theresianismus, Josephinismus. In: Ralph-Rainer Wuthenow (Hrsg.): Zwischen Absolutismus und Aufklärung: Rationalismus, Empfindsamkeit, Sturm und Drang. 1740–1786 (Deutsche Literatur: Eine Sozialgeschichte. Hrsg. v. Horst Glaser, Band 4). Reinbek bei Hamburg, S. 27–42, hier S. 35 f.

[29] Jakob Michael Reinhold Lenz: Erzählungen. Zerbin. Der Waldbruder. Der Landprediger. Hrsg. v. Friedrich Voit. Stuttgart 1988 (Reclams Universal Bibliothek 8468), S. 5.

[30] Schiller: NA 20, S. 436.

[31] Christoph Martin Wieland (1979): Geschichte des Agathon. Erste Fassung. Unter Mitwirkung von Reinhard Döhl hrsg. v. Fritz Martini. Stuttgart, S. 62 f.

[32] Max Horkheimer, Theodor W. Adorno (1969): Dialektik der Aufklärung. Philosophische Fragmente. Frankfurt am Main, S. 15.

[33] Horkheimer, Adorno (1969), S. 77.

[34] Horkheimer, Adorno (1969), S. 86.

[35] Horkheimer, Adorno (1969), S. 106.

[36] Horkheimer, Adorno (1969), S. 106.

[37] Horkheimer, Adorno (1969), S. 93.

[38] Die Textstellen von Gottsched sind aus der Critischen Dichtkunst entnommen. Zitiert wird nach Wolfgang Beutin u. a. (1979): Deutsche Literaturgeschichte. Von den Anfängen bis zur Gegenwart. Stuttgart, S. 117 f.

[39] Zitiert nach Killy/Perels (Hrsg.) (1988) (Anm. 24), S. 643.

[40] Zitiert nach Killy/Perels (Hrsg.), S. 750.

[41] Zitiert nach Killy/Perels (Hrsg.), S. 751.

[42] HA 1, S. 44–46, hier S. 45.

[43] HA 12, S. 224.

[44] HA 12, S. 227.

[45] HA 12, S. 226.

[46] HA 12, S. 225.

[47] Vgl. zur Würdigung von Hegels Götz-Deutung Wilhelm Große (1993): J. W. Goethe: Götz von Berlichingen. Oldenbourg Interpretation. München, S. 76–83.

[48] Georg Wilhelm Friedrich Hegel (1985): Ästhetik. Hrsg. v. Friedrich Bassenge. 2 Bände. Berlin. Band 1, S. 195.

[49] Vgl. Christian Grawe (Hrsg.) (1976): Friedrich Schiller: Die Räuber. Erläuterungen und Dokumente. (Künftig zitiert als „Räuber-Erläuterungen".) S. 111–116.

[50] Zitiert nach: Räuber-Erläuterungen, S. 112.

[51] Zitiert nach: Räuber-Erläuterungen, S. 112.

[52] Zitiert nach: Räuber-Erläuterungen, S. 115.

[53] Vgl. Günther Kraft (1959): Historische Studien zu Schillers Schauspiel Die Räuber. Über eine mitteldeutsch-fränkische Räuberbande des 18. Jahrhundert. Weimar.

[54] Räuber-Erläuterungen, S. 116–118.

[55] Vgl. Räuber-Erläuterungen, S. 222–224.

[56] Die folgende Darstellung nach Norbert Oellers (1993): Schiller. Mit 8 Abbildungen. Stuttgart, S. 15–18.

[57] Oellers (1993), S. 15.

[58] Oellers (1993), S. 15 f.

[59] Oellers (1993), S. 17.

[60] NA 20, S. 59.

[61] NA 20, S. 60.

[62] NA 20, S. 65.

[63] NA 20, S. 323.
[64] NA 20, S. 326.
[65] NA 20, S. 328.
[66] NA 20, S. 312.
[67] NA 20, S. 412.
[68] Vgl. hier und im folgenden Räuber-Erläuterungen, S. 124–132.
[69] Vgl. Räuber-Erläuterungen, S. 129.
[70] In: NA 3.
[71] S. Räuber-Erläuterungen, S. 84 f.
[72] Schillers Räuber. Urtext des Mannheimer Soufflierbuches. Hrsg. v. Herbert Stubenrauch und Günter Schulz. Mannheim 1959.
[73] Zitiert nach: Räuber-Erläuterungen, S. 138 f.
[74] Zitiert nach: Räuber-Erläuterungen, S. 140.
[75] Vgl. Räuber-Erläuterungen, S. 146.
[76] Zitiert nach: Räuber-Erläuterungen, S. 141.
[77] Zitiert nach: Räuber-Erläuterungen, S. 100.
[78] Vgl. Oellers (1993), S. 26.
[79] Vgl. hier und im folgenden Wilhelm Große ([2]1991): Friedrich Schiller: Die Räuber. Grundlagen und Gedanken zum Verständnis des Dramas. Frankfurt am Main, S. 73–79.
[80] NA 20, S. 92.
[81] NA 20, S. 92.
[82] NA 20, S. 91.
[83] NA 20, S. 95.
[84] NA 20, S. 99.
[85] NA 20, S. 100.
[86] Zitiert nach: Räuber-Erläuterungen, S. 149.
[87] Schwerte (1960), S. 32.
[88] Vgl. die einzelnen Nachweise bei: Räuber-Erläuterungen, S. 3–75.
[89] An Dalberg, 6. Oktober 1781. Zitiert nach: Räuber-Erläuterungen, S. 135.
[90] Helmut Koopmann (1976): Joseph und sein Vater. Zu den biblischen Anspielungen in Schillers „Räubern". In: Herkommen und Erneuerung. Essays für Oskar Seidlin. Hrsg. v. Gerald Gillespie und Edgar Lohner. Tübingen, S. 150–167, hier S. 162.
[91] Koopmann (1976), S. 164.
[92] Koopmann (1976), S. 167.
[93] Zitiert nach: Räuber-Erläuterungen, S. 164.
[94] Zitiert nach: Räuber-Erläuterungen, S. 152 f.
[95] Friedrich A. Kittler (1977): „Erziehung ist Offenbarung". Zur Struktur der Familie in Lessings Dramen. In: Jahrbuch d. Dt. Schillergesellschaft 21, S. 111–137, hier S. 119.
[96] Vgl. Otto F. Best (1978): Gerechtigkeit für Spiegelberg. In: Jahrbuch d. Dt. Schillergesellschaft 22, S. 277–302.
[97] Best (1978), S. 301.
[98] Hans H. Hiebel (1990): Strukturale Psychoanalyse und Literatur (Jacques Lacan). In: Klaus-Michael Bogdal (Hrsg.): Neue Literaturtheorien. Eine Einführung. Opladen, S. 56–81, hier S. 59.

[99] Hiebel (1990), S. 59.

[100] Terry Eagleton ([2]1992): Einführung in die Literaturtheorie. Aus dem Englischen von Elfi Bettinger und Elke Hentschel. Stuttgart, S. 156.

[101] Eagleton ([2]1992), S. 156.

[102] Eagleton ([2]1992), S. 156 f.

[103] Friedrich A. Kittler (1991): Dichter. Mutter. Kind. München, S. 82.

[104] Reinhart Meyer-Kalkus (1977): Werthers Krankheit zum Tode. Pathologie und Familie in der Empfindsamkeit. In: Friedrich A. Kittler, Horst Turk (Hrsg.): Urszenen. Literaturwissenschaft als Diskursanalyse und Diskurskritik. Frankfurt am Main, S. 76–138, hier S. 121.

[105] Meyer-Kalkus (1977), S. 128.

[106] Peter Pütz ([4]1991): Die deutsche Aufklärung. Darmstadt, S. 171.

[107] Vgl. Kittler (1991), S. 47–98.

[108] Kittler (1991), S. 88.

[109] Clemens Kammler (1990): Historische Diskursanalyse (Michel Foucault). In: Klaus-Michael Bogdal (Hrsg.), S. 31–55, hier S. 39.

[110] Wolfgang Welsch (1990): Ästhetisches Denken. Stuttgart, S. 106.

[111] Welsch (1990), S. 57.

[112] Vgl. Clemens Kammler (1994): Neue Literaturtheorien und Unterrichtspraxis. Eine Untersuchung von Kafkas ,Vor dem Gesetz'. In: Klaus-Michael Bogdal (Hrsg.): Neue Literaturtheorien in der Praxis. Textanalysen von Kafkas ,Vor dem Gesetz'. Opladen, S. 187–205, hier S. 192–194.

[113] Vgl. Göbel ([2]1988), S. 110.

[114] Vgl. Jörg Bohse (1982): Inszenierte Dramenlektüre: Der Prozeß gegen Karl Moor und Moritz Spiegelberg. In: Gerhard Haas (Hrsg.): Literatur im Unterricht. Stuttgart, S. 205–267.

Literaturverzeichnis

Texte Schillers

Die Räuber. Ein Schauspiel. Mit einem Nachwort. Stuttgart 1969 u. ö. (Reclams Universal Bibliothek 16). Aus dieser Ausgabe wird im laufenden Text unter Angabe der Seitenzahl zitiert.

Schillers Werke – Nationalausgabe. Band 3: Die Räuber. Hrsg. v. Herbert Stubenrauch. Weimar 1953. Zitiert als „NA 3".

Schillers Werke – Nationalausgabe. Band 20: Philosophische Schriften. Erster Teil. Unter Mitwirkung von Helmut Koopmann hrsg. v. Benno von Wiese. Weimar 1962. Zitiert als „NA 20".

Schillers Räuber. Urtext des Mannheimer Soufflierbuches. Hrsg. v. Herbert Stubenrauch und Günter Schulz. Mannheim 1959.

Texte anderer Autoren

Die deutsche Literatur vom Mittelalter bis zum 20. Jahrhundert. Texte und Zeugnisse. Band IV: 18. Jahrhundert. In Verbindung mit Christoph Perels hrsg. v. Walter Killy. München 1988.

Goethe, Johann Wolfgang: Hamburger Ausgabe in 14 Bänden. Hrsg. v. Erich Trunz. München 1988. Zitiert als „HA" mit Angabe der Band- und Seitenzahl.

Hegel, Georg Wilhelm Friedrich: Ästhetik. Hrsg. v. Friedrich Bassenge. 2 Bände. Berlin 1985.

Lenz, Jakob Michael Reinhold: Erzählungen. Zerbin. Der Waldbruder. Der Landprediger. Hrsg. v. Friedrich Voit. Stuttgart 1988 (RUB 8468).

Wieland, Christoph Martin: Geschichte des Agathon. Erste Fassung. Unter Mitwirkung von Reinhard Döhl hrsg. v. Fritz Martini. Stuttgart 1979 (RUB 9933).

Sekundärliteratur

Asmuth, Bernhard (⁴1994): Einführung in die Dramenanalyse. Stuttgart
Berg, Jan u. a. (1975): Von Lessing bis Kroetz. Einführung in die Dramenanalyse und sozialgeschichtliche Materialien für den Unterricht. Kronberg/Taunus
Best, Otto F. (1978): Gerechtigkeit für Spiegelberg. Jahrbuch d. Dt. Schillergesellschaft 22, S. 277–302
Beutin, Wolfgang u. a. (1979): Deutsche Literaturgeschichte. Von den Anfängen bis zur Gegenwart. Stuttgart
Bohse, Jörg (1982): Inszenierte Dramenlektüre: Der Prozeß gegen Karl Moor und Moritz Spiegelberg. In: Gerhard Haas (Hrsg.): Literatur im Unterricht. Stuttgart, S. 205–267
Eagleton, Terry (²1992): Einführung in die Literaturtheorie. Aus dem Englischen von Elfi Bettinger und Elke Hentschel. Stuttgart
Göbel, Klaus (²1988): G. E. Lessing: Emilia Galotti. Zur Didaktik des Dramas. Oldenbourg Interpretation. München

Grawe, Christian (Hrsg.) (1976): Friedrich Schiller: Die Räuber. Erläuterungen und Dokumente. Stuttgart, zitiert als „Räuber-Erläuterungen".

Große, Wilhelm (²1991): Friedrich Schiller: Die Räuber. Grundlagen und Gedanken zum Verständnis des Dramas. Frankfurt am Main

Große, Wilhelm (1994): J. W. Goethe: Götz von Berlichingen. Oldenbourg Interpretation. München

Hermes, Eberhard (1989): Abiturwissen Drama. Stuttgart

Hiebel, Hans H. (1990): Strukturale Psychoanalyse und Literatur (Jacques Lacan). In: Klaus-Michael Bodgal (Hrsg.): Neue Literaturtheorien. Eine Einführung. Opladen, S. 56–81

Hinck, Walter (Hrsg.) (²1989): Sturm und Drang. Ein literaturwissenschaftliches Arbeitsbuch. Frankfurt am Main

Horkheimer, Max, Theodor W. Adorno (1969): Dialektik der Aufklärung. Philosophische Fragmente. Frankfurt am Main

Kammler, Clemens (1990): Historische Diskursanalyse (Michel Foucault). In: Klaus-Michael Bodgal (Hrsg.): Neue Literaturtheorien. Eine Einführung. Opladen, S. 31–55

Kammler, Clemens (1994): Neue Literaturtheorien und Unterrichtspraxis. Eine Untersuchung von Kafkas ,Vor dem Gesetz'. In: Klaus-Michael Bodgal (Hrsg.): Neue Literaturtheorien in der Praxis. Textanalysen von Kafkas ,Vor dem Gesetz'. Opladen, S. 187–205

Kittler, Friedrich A. (1977): „Erziehung ist Offenbarung". Zur Struktur der Familie in Lessings Dramen. Jahrbuch d. Dt. Schillergesellschaft 21, S. 111–137

Kittler, Friedrich A. (1991): Dichter, Mutter, Kind. München

Klotz, Volker (⁷1975): Geschlossene und offene Form im Drama. München

Koopmann, Helmut (1976): Joseph und sein Vater. Zu den biblischen Anspielungen in Schillers „Räubern". In: Herkommen und Erneuerung. Essays für Oskar Seidlin. Hrsg. v. Gerald Gillespie und Edgar Lohner. Tübingen, S. 150–167

Kraft, Günther (1959): Historische Studien zu Schillers Schauspiel Die Räuber. Über eine mitteldeutsch-fränkische Räuberbande des 18. Jahrhunderts. Weimar

Meyer-Kalkus, Reinhart (1977): Werthers Krankheit zum Tode. Pathologie und Familie in der Empfindsamkeit. In: Friedrich A. Kittler, Horst Turk (Hrsg.): Urszenen. Literaturwissenschaft als Diskursanalyse und Diskurskritik. Frankfurt am Main, S. 65-138.

Möller, Horst (1986): Friderizianismus, Theresianismus, Josephinismus. In: Ralph-Rainer Wuthenow (Hrsg.): Zwischen Absolutismus und Aufklärung: Rationalismus, Empfindsamkeit, Sturm und Drang. 1740–1786 (Deutsche Literatur. Eine Sozialgeschichte. Hrsg. v. Horst Albert Glaser, Band 4). Reinbek bei Hamburg, S. 27–42

Oellers, Norbert (1993): Schiller. Mit 8 Abbildungen. Stuttgart

Pütz, Peter (⁴1991): Die deutsche Aufklärung. Darmstadt

Das Räuberbuch (1974). Die Rolle der Literaturwissenschaft in der Ideologie des deutschen Bürgertums am Beispiel von Schillers „Die Räuber". Frankf./Main

Scherpe, Klaus R. (1979): Die Räuber. In: Walter Hinderer (Hrsg.): Schillers Dramen. Neue Interpretationen. Stuttgart, S. 9–36

Scherpe, Klaus R. (1983): Schillers „Räuber" – theatralisch. Deutschunterricht 35, H. 1, S. 61–77

Schwerte, Hans (1960): Schillers „Räuber". Deutschunterricht 12, H. 2, S. 18–41

Steinhagen, Harald (1982): Der junge Schiller zwischen Marquis de Sade und Kant. Aufklärung und Idealismus. DVjs 56, S. 135–157

Wegmann, Nikolaus (1988): Zurück zur Philologie? Diskurstheorie am Beispiel einer Geschichte der Empfindsamkeit. In: Jürgen Fohrmann, Harro Müller (Hrsg.): Diskurstheorie und Literaturwissenschaft. Frankfurt am Main, S. 349–364

Welsch, Wolfgang (1990): Ästhetisches Denken. Stuttgart

Wiese, Benno von (1959): Friedrich Schiller. Stuttgart

Zeittafel

1748	Klopstock: *Der Messias* (20 Gesänge bis 1773)
1750	Rousseau: *Erster Discours*
1751	Diderot (Hrsg.): *Enzyklopädie*
1755	Erdbeben in Lissabon
1756–1763	Siebenjähriger Krieg
1759	Rousseau: *Brief an d'Alembert über das Theater*
	Geburt Friedrich Schillers in Marbach am Neckar
1762	Wieland: Shakespeare-Übersetzung (8 Bände, bis 1766)
1764/65	Beginn der Regierungszeit Josephs II.
1766/67	Wieland: *Geschichte des Agathon*, 1. Fassung
1767–1769	Lessing: *Hamburgische Dramaturgie*
1768	Gerstenberg: *Ugolino*
1771	Goethe: *Zum Shakespeares Tag*
1772	Lessing: *Emilia Galotti*
1773	Goethe: *Götz von Berlichingen mit der eisernen Hand*
	Schillers Eintritt in die Karlsschule
1774	Goethe: *Die Leiden des jungen Werthers*
	Lenz: *Der Hofmeister oder die Vortheile der Privaterziehung*
1776	Klinger: *Sturm und Drang*
1779	Lessing: *Nathan der Weise*
1780	Schiller beendet sein Medizinstudium
1781	Kant: *Kritik der reinen Vernunft*, 1. Fassung
	Schiller: *Die Räuber*
1782	Laclos: *Gefährliche Liebschaften*
	Schiller: *Über das gegenwärtige deutsche Theater*
	Schiller: *Anthologie auf das Jahr 1782*
	„Die Räuber" – Uraufführung in Mannheim
	Schiller flieht aus Stuttgart
1783	Schiller: *Fiesko*
	Schiller Theaterdichter am Mannheimer Nationaltheater
1784	Kant: *Beantwortung der Frage: Was ist Aufklärung?*
	Schiller: *Kabale und Liebe*
	Schiller: *Was kann eine gute stehende Schaubühne eigentlich bewirken?*
1785	Goethe: *Prometheus*
	Schubart: *Sämtliche Gedichte mit Vorbericht auf der Feste Asperg*
	Schiller gibt die *Rheinische Thalia* heraus
	Schiller als Gast Körners in Leipzig und Dresden (bis 1786)
1786	Tod Friedrichs II.
	Schiller: *Philosophische Briefe* (darin: *Theosophie des Julius*)
	Schiller: *Resignation* und *An die Freude*
	Schiller: *Der Verbrecher aus Infamie*
	Goethe beginnt seine italienische Reise
1787	Goethe: *Iphigenie auf Tauris*
	Heinse: *Ardinghello und die glückseligen Inseln*

Schiller: *Don Carlos, Infant von Spanien*
Schiller: *Der Geisterseher*
Schiller in Weimar (bis 1788)
1788   Kant: *Kritik der praktischen Vernunft*
Schiller: *Geschichte des Abfalls der vereinigten Niederlande von der Spanischen Regierung*
Schiller: *Die Götter Griechenlandes*
1789   Sturm auf die Bastille (Französische Revolution)
Schiller: *Die Künstler*
Schiller: *Was heißt und zu welchem Ende studiert man Universalgeschichte?*
Schiller Professor für Geschichte in Jena
1790   Tod Josephs II.
de Sade: *Juliette oder Die Vorteile des Lasters*
Goethe: *Torquato Tasso*
Kant: *Kritik der Urteilskraft*
Schiller: *Geschichte des Dreißigjährigen Krieges*
Schiller heiratet Charlotte von Lengenfeld